습관은 반드시 실천할 때 만들어집니다.

좋은습관연구소의 24번째 습관은 '어느 건축가의 일을 짓는 습관'입니다. 아시다시피 건축은 우리 삶의 패턴을 완성하는 공간과 구조를 만드는 일입니다. 그래서 좋은 건축은 우리 사회를 발전시키기도 하지만 나쁜 건축은 우리 사회를 퇴보시키기도 합니다. 이제막 아틀리에를 꾸리고 자신의 개성이 담긴 건축을 시도하는 젊은 건축가는 아름다운 세상을 만들기 위해 오늘도 자신의 루틴과 습관을 잊지 않고 있습니다. 그에게서 집을 잘 짓는 방법은 물론이고 일을 잘 짓는 방법도 배워보겠습니다.

건축가
의
습관

**예술과
실용
사이**

서문

저는 건축설계를 업으로 하는 건축가입니다. 그동안 대형 설계사무소, 작은 아틀리에 사무실을 거치면서 몇 개의 건물을 설계하고 지어왔고 그 외 여러 가지 경험을 쌓으며 지금까지 건축 일을 이어오고 있습니다. 지금은 단독 사무실을 열고 설계를 시작한 지 1년 정도가 되었습니다. 조만간 제 이름으로 설계한 건물이 곧 태어날 준비를 하고 있습니다.

어렸을 때 저는 만화가를 꿈꾸는 소년이었습니다. 집 밖으로 나가 노는 것보다 집에서 뒹굴뒹굴하다 그림을 그리는 것이 저에게는 일상이었습니다. 그 시절 평범한 아이들처럼 《드래곤볼》과 《슬램덩크》를 보는 걸 교과서보다 더 좋아했습니다. 고등학교에 들어간 뒤로는 공부를 잘해야 할 것 같다는 생각에 아무도 강요하지 않았지만, 그림은 포기하고 학교 공부에 집중했습니다. 수학에 좀 더 자신이 있어 이과를 선택했고, 이과에서 갈 수 있는 학과 중 예술적인 측면도 함께 배울 수 있는 전공이 뭐가 있을까 고민하다 건축학과에 진학했습니다.

많은 분이 생각하시는 것처럼 건축은 공학적인 측면과 예술적인 측면을 동시에 가지고 있습니다. 여기에 사회와 역사같은 인문학적인 측면도 갖고 있습니다. 그래서 상당히 종합적인 분야라 할 수 있습니다. 일반인들에게 건축가는 지적이면서도 감성이 풍부한, 쉽게 말해 '멋진 직업'으로 비춰집니다.

물론 건축가가 매력적인 직업인 것은 사실입니다만, 그에따르는 여러 가지 힘든 면도 분명히 있습니다. 무엇보다 건축주, 시공사, 협력사 사이에서 누군가를 설득하고 문제가 되는 상황을 조율하는 일을 해야 합니다. 그리고 현실(비용)과 이상(디자인) 사이에서 어떤 것이 현명한 선택인지 고민도 해야 합니다. 만만치 않은 사무실 운영 때문에 사업적인 고민도 해야 하고요.

그럼에도 많은 건축가가 계속 이 일을 하는 것은 '자신만의 건축'을 구현하고 싶은 꿈이 있기 때문입니다. 저도 마찬가지입니다. 수많은 건축가를 대표해서 건축과 관련된 책을 제가 쓸 수 있는지는 아직도 자신 없지만, 분명하게 말씀드릴 수 있는 것은 '어제보다 나은 오늘'을 만들기 위해 지금도 한 장의 스케치를 그리고, 몇 줄의 글을 쓰고, 몇 페이지의 책을 읽고 있다는 사실입니다.

제가 구현하고 싶은 건축언어는 '단순함 속의 단단함'입니다. 현란한 기교는 없지만 고고한 아름다움을 뽐내는 조선백자 같은, 줄지어 서 있는 열주와 지붕으로 묵직한 존재감을 드러내는 종묘와 같은 그런 건물을 만들고 싶은 것이 제 꿈입니다.

이 책은 이러한 꿈을 이루기 위해 제가 매일 같이 반복하고 연습하는 습관들을 정리한 것입니다. 비록 소소해 보이거나 별것 아닌 것처럼 보일지 몰라도 이것이 모여 현재의 나를 만들었고, 미래의 저를 만들어 가고 있습니다. 건축가의 삶에 대해서 궁금하신 분, 혹은 앞으로 건축가를 꿈꾸시는 분 모두에게 작은 도움이라도 되었으면 합니다.

목차

글쓰는 건축가

건축을 하게 된 이야기 13

단순함 속의 단단함 24

건축가의 습관

스케치 · 건축가의 생각을 표현하는 가장 강력한 도구 41

글쓰기 · 글은 건축가의 또 다른 표현의 도구 53

독서 · 다양한 분야의 지식이 내 건축의 자양분 61

디테일 · 모든 사물의 디자인에는 이유가 있다 73

관찰 · 보이는 건물들은 모두 훌륭한 교재 83

재료 · 모든 사물은 재료의 합 95

장소 · 내 건축에 영감을 주는 장소 104

사람 · 내 건축에 영감을 주는 사람 112

루틴 · 나 자신이 곧 회사 120

신뢰 · 어느 사업에서나 가장 중요한 자산　129

경청 · 잘 듣는 것이 설계의 시작　137

조율 · 건축은 협의와 협상으로 이루어진다　144

겸손 · 결국 사람을 대하는 일　151

순서 · 중요하지만 어려운 일을 가장 먼저 한다　158

전략 · 건축은 예술이기 이전에 사업이다　164

공부 · 세상은 계속 변하고 있다　171

홍보 · 세상에 나를 알리는 창구　180

일기 · 인생과 건축의 밑바탕　187

못다한 건축 이야기

건물이 지어지는 과정　197

건축주가 묻고 건축가가 답하다　210

에필로그　228

글 쓰는

건축가

건축을 하게 된
이야기

안녕하세요. '글 쓰는 건축가' 김선동입니다. '글 쓰는 건축가'는 여러분께 쉽게 다가가고 싶어 지어본 닉네임입니다. 제가 글쓰기에 조금은 자신이 있고, 글로써 건축을 풀어보고자 하는 욕심에 지어 본 이름인데 어떤가요? 제 나름대로는 멋지다고 생각하는데, 여러분은 어떻게 생각하실지 모르겠네요. (웃음)

여러분은 건축가에 대해서 어떤 인상을 갖고 있나요? 멋진 그림을 그리는 예술가? 아니면 날카로운 감각을 지닌 크리에이터? 아니면 도면과 치수를 자유자재로 다루는 공학자? 사실 이 모든 것을 아우르는 것이 건축가입니다. 그만큼 매력적인 직업이라고 할 수 있습니다. 저 역시 공학의 한 분야이면서 예술적인 활동도 할 수 있다는 매력 때문에 건축과에 진학했고 건축가라는 직업까지도 선택하게 되었습니다. 독자분들은 제 글을 통해 서서히 저에 대해 파악하겠지만, 제가 어떻게 살아왔고 어떻게 건축을 하게 되었는지 미리 말씀드리는 것이 예의일 것 같아 먼저 저에 대한 이야기부터 시작하고자 합니다.

전 어렸을 때부터 나가서 노는 일은 거의 없이 집에서만 노는 아이였습니다. 매일 집에서 그림이나 만화만 그렸는데, 아버지가 회사에서 쓰고 남은 이면지를 가져오시면 그 뒷면에 온종일 그림을 그리며 놀았습니다. TV 만화를 너무 좋아해서 한 번 보기 시작한 만화 시리즈는 한 회도 놓치지 않고 보았고, 보는 것에만 멈추지 않고 주인공을 따라 그리기도 했습니다. 때로는 만화 주인공이 되는 역할극 놀이도 했고요. 그러면서 제멋대로 여러가지 이야기를 만들며 놀았습니다.

그러다 보니 전 자연스럽게 만화가가 되는 것을 꿈꾸게 되었습니다. 어렸을 때 부모님께 혼나거나 하면 '가출해서 어디 유명 만화가의 문하생이 되어 숙식을 해결하면서 살 순 없을까, 하는 생각을 하기도 했습니다. 하지만 사회 분위기나 주변 분위기는 무조건 공부였고, 제 형이 워낙 공부를 잘해서 저도 따라서 잘하지 않으면 안 될 분위기였습니다. 그리고 결정적으로 "저 만화가 할래요"라고 부모님께 말할 용기가 없었습니다.

지금 생각하면 제가 만화가의 길을 가겠다고 했다면 부모님은 처음에는 화를 내셨겠지만 결국에는 허락을 하셨을 것 같습니다. 제가 하겠다는 걸 반대한 적이 단 한 번도 없는 분들이니까요. 하지만 아무도 규정짓지 않았음에도 스스로 세운 벽 때문에 만화가가 되는 건 더이상 생각하지 않기로 했습니다. 지금 생각하면 조금 후회가 되기도 합니다. 한 번 사는 인생, 해보고 싶은 대로 하는 것도 괜찮지 않았나 싶은데 말이죠. 그래서 저는 나중에 제 자식에게는 마음대로 해보고 싶은 것을 다 할 수 있도록 권할 생각입니다.

어쨌든 그렇게 결론을 내리고 고등학교에 들어가서는 남들 다 하는 공부를 저도 열심히 했습니다. 제가 뭔가 진득하게 하면 조금씩 발전한다는 장점이 있습니다. 그래서 1학년

때부터 차츰 성적을 올리기 시작해 고3 때는 나름 서울 상위권 대학을 바라볼 수 있을 정도의 성적을 만들었습니다. 이때부터 어느 학과를 가야 하나 고민하기 시작했습니다. 일단 성적이 안 되긴 했지만 사람 배를 가르는 의사는 도저히 못할 것 같았고, 그럼 이과니까 공대를 생각해야 하는데 그래도 뭔가 그림 그리는 직업을 갖고 싶다는 생각을 지울 수가 없었습니다. 그러다 보니 '건축'이라는 분야가 눈에 들어왔습니다.

아마 그맘때쯤 신동엽 씨가 진행하는 《러브 하우스》가 한창 유행을 탔던 것으로 기억합니다. 건축가들이 나와서 오래되고 구질구질한 집을 멋지고 아기자기한 새집으로 만들어주는 마법 같은 프로그램이었습니다. 그 프로그램 덕분에 당시 건축학과의 인기가 상당히 높았습니다. 저도 그 프로그램과 도서관에 있는 몇몇 건축 잡지를 보고는 '이거다!'라고 생각했습니다. 뭔가 공부도 좀 하고, 예술적인 감각도 발휘하는 멋진 직업으로 보았던 거죠. 주변 사람들 시선으로도 좀 그럴싸한 직업으로 보일 것 같았고요. 그래서 야무지게 '내 목표는 서울대 건축과다!'라는 생각을 했습니다. 그렇게 수

능을 보고 가, 나, 다, 라군 모조리 유명대학 건축학과로 원서를 넣었습니다. 하지만 아쉽게도 서울대 갈 점수는 안 나왔고 연세대를 진학하게 되었습니다.

그렇게 대학교에 진학해서 드디어 설계수업이라는 것을 들었습니다. 딱딱한 공대 수업과는 너무나 다른 교수님들과 학생들의 화기애애하고 열린 분위기. 이게 바로 건축설계 수업이구나, 하는 낭만에 빠지는 것도 잠시, 엄청난 과제량에 깜짝 놀라 정신을 못 차렸습니다. 도면, 모형, 컴퓨터 그래픽 작업 등등. 물론 지금 생각하면 당연한 것처럼 느껴지지만 당시로서는 감당하기 힘든 수준의 과제였습니다. 지금도 많은 건축과 학생들이 과제 때문에 밤잠을 설쳐가며 작업을 하고 있습니다. 하지만 그런 경험이 쌓이고 싸여 사회에 나가 제대로 일할 수 있는 밑거름이 된다는 사실을 꼭 기억했으면 합니다.

아무튼 저는 군대에 가기 전까지는 설계 수업에 적응하기가 쉽지 않았습니다. 매시간 교수님으로부터 설계를 다시 해 오라는 이야기를 들었습니다. 당연히 학점도 좋지 않았습니다. 그러다 보니 군대에 갈 때쯤 '내가 계속 설계를 해야 하나

말아야 하나'하는 고민을 많이 했습니다. 하지만 남들이 말하는 소위 '명문 대학'에 왔으니 어떻게든 졸업은 해야 하지 않을까 싶었고, 그때까지는 최선을 다해보자는 생각뿐이었습니다.

지금 생각해보면 제가 설계를 잘하지 못했던 이유가 건축이 단순히 '멋진 그림'을 그리는 것만으로는 통하지 않는 분야인데 그걸 잘 이해하지 못했던 것 같습니다. 지금도 그렇지만, 당시에도 과제로 뭔가를 그리고 만들어서 교수님께 들고 가면 왜 이렇게 했는지 이유를 설명해야 했는데, 그 이유가 명확하지 않으면 어김없이 '다시 해오라'는 이야기를 들었습니다. 건축이라는 것이 워낙 거대한 건물을 다루는 것이다 보니, 아무렇게나 그려 놓고 그저 '멋지니까요'라고 말하는 것만으로는 통하지 않는 것이 있었습니다. 주변 지형과 상황을 고려한다든지, 주민의 요구를 반영한다든지, 전통 건축의 어떤 요소를 가져왔다든지 하는 근거들이 있어야 했습니다. 마치 예술 작품의 설명이 본 작품보다 더 그럴싸한 것처럼 자기 작업을 잘 설명할 수 있는 소위 '말빨' 같은 게 필요했습니다. 지금 생각해보면 그것이 일종의 건축을 보는 관점이었습니다. 당시 저에게는 그런 것들이 부족했습니다. 당시 저를 지도했던 교수님들의 성향이 저와 좀 안 맞기도 했던 것 같고요.

그렇게 마음고생을 좀 하다가 군대를 다녀온 후 본격적으로 설계에 매진했고, 제 성향을 인정해 주시는 좋은 교수님들을 만나면서 설계에 흥미를 갖게 되었습니다. 그리고는 '설계실 수위 아저씨'라는 별명을 얻을 정도로 밤을 새우는 걸 당연히 여기면서 열심히 공부했습니다. 점점 성적도 잘 나오기 시작했고 교수님들로부터 칭찬도 받게 되면서 '나도 하면 되는구나'라는 자신감을 갖게 되었습니다. 그러던 중 몇 개의 공모전에 출품해서 상도 타면서 '이렇게 잘 준비하면 취직은 되겠구나'라는 안도감도 갖게 되었습니다.

그렇게 대학을 거쳐 대학원까지 마치고 취업을 하게 되었습니다. 당시에는 똑같이 설계하는 일이라면 큰 회사에서 안정적으로 하는 게 더 낫겠다는 생각을 했습니다. 그래서 정림건축이라는 업계에서 건실하다고 평가받는 대형 설계사무소에 취직했습니다. 당시에는 대형 설계사무소와 소형 설계사무소가 어떤 차이가 있는지 잘 몰랐습니다. 하지만 회사를 몇 년 다녀보고 나서야 그 차이를 이해할 수 있었습니다.

대형 설계사무소는 오피스나 마트, 물류창고 같은 큰 건물을 주로 설계합니다. 따라서 한 프로젝트에 많은 인력이 투입되고 좀 더 체계적인 설계를 합니다. 그래서 한 명의 직원이 전체적인 과정을 파악하기 힘들고 자기가 하는 분야만 경험하게 될 가능성이 큽니다. 그리고 큰 기업 일을 주로 하기 때문에 정기적으로 보고도 많이 하고, 디자인적으로도 뭔가 독창적인 시도보다는 안정적인 방식을 선택합니다. 그러다 보니 아래 직급 직원들은 디자인에 적극 참여하기도 힘들고 선배들이 정한 디자인대로 진행되는 경우가 많습니다. 반면 소형 설계사무소는 작은 주택이나 근린생활시설(소매점, 휴게 음식점 등의 소형 건물)을 설계할 가능성이 높아 많아야 1~2명의 직원으로 한 개의 프로젝트를 맡아 설계를 진행합니다. 따라서 건물이 디자인되고 지어지는 전반적인 과정을 경험할 수 있고 여기에 현장 경험까지도 할 수 있다는 장점이 있습니다. 물론 급여나 기타 복지 같은 것은 큰 회사에 비할 바는 안 되고요.

그렇게 대형 설계사무소에서 7년 정도를 일하고 보니, 이제는 '실제로 지어지는 내 건물을 디자인해보고 싶다'는 열망이 강해졌습니다. 물론 다니던 회사에서도 조금씩 디자인할 기회는 있었지만 실제로 지어지는 경우는 거의 없었기 때문에 작은 건물을 설계해서 실제로 건축되는 과정을 직접 확인하고 감독하는 '감리' 업무를 꼭 해봐야겠다는 생각을 했습니다. 그래서 제 친구와 선배가 운영하던 설계사무소에 합류하게 되었습니다.

저는 이곳에서 몇 개의 주택과 다가구주택, 근생 시설 등을 설계하고 감리하면서 4년 동안 여러 경험을 쌓았습니다. 그러다 작년 여름에 현재의 개인 설계 사무소를 열고 지금까지 1년여 정도를 운영하고 있습니다. 최근 건축가들의 데뷔 시기가 30대 초반으로 매우 빨라졌는데, 저는 이제 막 마흔에 들어선 나이입니다. 독립하기에는 좀 늦은 나이인 것도 같지만, 계속 미루다 마흔 중반을 넘어서게 되면 진짜 독립을 못 할 것 같아 이번에 큰 결심을 하게 되었습니다. 이제는 제 디자인과 운영 철학을 가지고 '제 사무실'을 해야 할 때가 왔다고도 생각합니다. 다행히 현재까지 몇 개의 프로젝트를 수주하며 무탈하게 운영 중입니다.

짧게나마 제가 건축을 시작하고 해왔던 이야기를 옮겨보았습니다. 제 주변에 건축하는 사람들에게 물어보면 조금씩은 다르지만 다들 비슷한 동기로 건축 공부를 시작했습니다. 예술적인 직업을 가지고 싶은데 뭔가 공부도 좀 하는 그런 것이 없을까 해서 건축을 전공했다고 합니다. 실제로 건축이 공학과 예술의 양쪽 분야를 모두 아우르고 있는 것은 분명합니다. 그러면서 양쪽 분야를 조율하는 역할도 합니다. 이를 디자인과 시공성이라고 설명해도 크게 틀리지 않을 것 같습니다.

근대건축 최고의 거장 르 코르뷔제Le Corbusier도 화가를 꿈꾸었다고 합니다. 포르투갈이 낳은 최고의 건축가 알바루 시자Alvaro Siza도 원래 화가를 지망했다고 합니다. 저는 한때 만화가를 동경했습니다. 하지만 지금은 건축가로 살아가는 것도 충분히 좋다고 생각합니다. 건축은 다른 예술보다 좀 더 '현실적인' 분야라는 것이 특별한 점입니다. 작업실에 틀어박혀 뭔가 만들어내서 '짠!' 하고 보여주는 게 아니라, 다른 사람들과 끊임없이 소통해서 결과를 만들어 내는 일입니다. 그래서 나 혼자가 아닌 모두의 작업물이라는 생각이 듭니다. 물론 다른 분야에 비해 예산이나 법규 등 현실적인 제약 요소도 많지만 그런 것들을 잘 극복해내면서 자신의 것을 표현할 수 있는 건축가가 진짜 좋은 건축가라 생각합니다. 그것을 해내지 못한다면 종이 위에서만 건축을 하는 '페이퍼 아키텍트'가 될 수밖에 없기 때문입니다.

이어지는 글에서 저의 건축철학을 좀 더 소상히 밝혀보도록 하겠습니다.

단순함 속의
단단함

여러분은 어떤 건축가들을 알고 계시나요? 근대 건축 최고의 거장 르 코르뷔제, 노출 콘크리트를 앞세워 자신만의 건축을 구축한 안도 다다오Ando Tadao 정도가 대중에게 가장 잘 알려진 건축가가 아닌가 싶습니다.

사실 우리 주변에는 수많은 건축물이 있습니다. 아파트부터 학교, 빌라 등 수많은 건축물이 도시를 채우고 있습니다. 하지만 설계한 사람을 기억하지는 않습니다. 설계한 사람이 분명히 있었을 텐데 말이죠. 왜 그럴까요? 그것은 어떤 생각이나 철학이 구현된 건물이 아니기 때문입니다. 주변의 많은 학교, 아파트, 빌딩의 설계안들은 사실 예전 쓰던 것을 상황에 맞춰 약간씩만 수정해서 거의 그대로 적용해서 씁니다. 그러다 보니 나쁘게 말하면 항상 보던 건물이라는 것입니다. 하지만 소위 '건축가'라고 불리는 사람들이 작업하는 방식은 조금 다릅니다. 어떻게 하면 조금이라도 다른 건축물을 만들까, 다른 공간을 만들어서 사회에 좋은 영향을 끼칠 수 있을까 고민하는 사람들입니다. 그런 고민이 다른 재료, 다른 외관, 다른 공간을 가진 건축물을 만들게 되고 대중의 관심을 끌게 됩니다.

몇 가지 사례를 들어보겠습니다. 인사동에 가면 '쌈지길'이라는 건축물이 있습니다. 최문규 건축가가 설계한 건축물로 건물 전체가 완만한 경사로로 이어져 있습니다. 길을 따라 걷다 보면 자연스럽게 옥상까지 접근하게 됩니다. 사람들은 이 건축물을 체험하면서 건물이라기보다는 인사동 길의 연장이라고 생각합니다. 길을 따라 올라가면 이런저런 물건도 구경하고 가운데 마당에서 벌어지는 각종 이벤트도 경험하게 됩니다. 이것이 건축가가 의도한 설계 개념입니다. 건물의 공공성을 극대화하면서도 상업 시설로서의 접근성까지 확보한 흔치 않은 성공 사례가 쌈지길입니다.

두 번째 사례는 용산에 있는 아모레 퍼시픽 사옥입니다. 영국의 건축가 데이비드 치퍼필드David Chipperfield가 설계한 건물인데요. 겉보기부터 기존의 박스형 건물과는 아주 다른 모습을 보여줍니다. 건물 가운데를 크게 뚫고 그곳에 정원을 두고 도시 경관을 바라볼 수 있도록 몇 개의 큰 구멍을 내었습니다. 면적을 확보하는 데 중점을 둔 기존 건물에서는 하기 힘든 시도입니다. 공공을 배려하고자 하는 건축가의 의도가 드러난 설계입니다. 이 건물의 백미는 1층의 거대한 로비입니다. 일반 건축물의 로비 대비 몇 배에 달하는 거대한 공간은 사람을 압도할 정도입니다. 여기에서 벌어지는 각종 문화 이벤트와 전시 등은 아모레 퍼시픽 회사 사람들뿐만 아니라 외부 사람들도 자유롭게 이용할 수 있도록 개방하고 있습니다. 이처럼 건축가의 특별한 생각이 건축물을 특별하게 만들고 대중을 건물로 끌어들이게 합니다.

인사동 쌈지길. 사람들은 쌈지길을 건축물이라기보다 인사동 길의 연장이라고 생각한다.

데이비드 치퍼필드가 설계한 용산 아모레퍼시픽 사옥

이렇게 건물을 설계할 때 건축가가 하는 생각, 개념들을 종합해서 '건축 철학'이라고 부릅니다. 앞서 설명한 르 코르뷔제는 '건축은 살기 위한 기계'라는 말로 자신의 건축 철학을 설명했습니다. 르 코르뷔제가 활동하던 시대에는 보자르 학파Beaux-Arts라고 하여 도제식 수업으로 전수되던 장식적이고 화려한 건축이 유행이었습니다. 르 꼬르뷔제는 여기에 반기를 들고 20세기 초의 산업 혁명과 이에 따른 사회 발전을 건축에도 적용해야 한다고 주장했습니다. 즉, 산업화의 산물인 배나 비행기의 단순 명쾌한 디자인 개념을 건축에도 적용하자는 것이었습니다. 예를 들어 대량 생산된 철근 콘크리트를 이용한다거나 지상에서 건물을 통째로 띄운 필로티 등이 그의 건축에서 최초로 시도되었습니다.

베르사이유 궁전처럼 장식이 많은 건물 사이에서 아무런 장식이 없이 새하얀 면과 기둥만 있는 그의 건물은 당시 대중들에게 상당한 충격을 주었습니다. 그는 사회 환경의 여러 변화를 자신만의 해석으로 건축설계에 반영, 새로운 혁신을 만들어 냈습니다. 결과적으로 그의 건축 철학은 수많은 건축가에게 영향을 주었고 그 자신을 20세기를 대표하는 건축가

르 코르뷔제의 빌라 사보아. 그의 건축 언어가 집대성된 대표작이다.

르 코르뷔제의 유니테 다비다시옹. 아파트의 원형이라고 할 만하다.

로 자리매김하도록 도와주었습니다.

그런 점에서 볼 때 저는 아직 제대로 된 완성작이 몇 개 없는 신출내기 건축가입니다. 이제 겨우 설계사무소를 열고 자신의 건축을 시작하는 단계라 할 수 있습니다. 그럼에도 불구하고 저는 저만의 '건축 철학'은 필요하다고 생각합니다. 비록 아직 완벽하게 완성되지는 않았다 하더라도 하나의 지향점이 있어야 그것을 향해 밀고 나아갈 수 있고 일관성 있는 작품을 만들 수 있기 때문입니다. 비록 르 코르뷔제 같은 거장의 수준은 아니지만 저만의 건축 철학을 추구하고 다듬는 과정이 제 이름 석 자를 알리고 궁극적으로 '김선동 건축'을 만들어 가는 훈련이라고 생각합니다.

저의 건축 철학은 '단순함 속의 단단함'입니다. 외관에서 나타나는 장식적이고 형태적인 요소를 최소화하면서 저의 정체성을 드러내는 단정하고 정갈한 디자인이 제가 추구하는 철학입니다. 사실, 신출내기 건축가로서 '단순함'과 '단단함'을 정확히 이해하고 건축물에 매번 반영하고 있느냐고 묻는다면 아직은 공부가 필요하다고 말씀드리는 게 맞을 것 같습니다. 하지만 저만의 건축 철학을 생각하며 설계하는 것과 그렇지 않고서 설계하는 것에는 큰 차이가 있습니다. 지금부터는 짧지만 제가 이해하고 추구하는 저의 건축 철학을 소개해 드리고자 합니다.

제가 몇 번의 설계 공모전과 실제 건물로 이어지는 설계까지 해보면서 깨달은 점이 하나 있습니다. 바로 건축 어휘는 복잡해서는 안 된다는 것입니다. 한두 가지의 포인트가 있을 수는 있지만 그것이 뒤섞여 복잡한 인상을 주는 것은 곤란하다는 뜻입니다. 이런 생각을 하게 된 데에는 아내의 영향이 컸습니다. 저는 회사에서 작업한 것들을 자주 아내에게 보여줍니다. 아내의 미적 감각이 좋기도 하지만 그야말로 '일반인의 시선'에서 평가해주기 때문입니다. 건축가들은 자신만의 관점에서 그리고 건축가 집단 사이에서 작품을 보기 때문에 '일반인의 시선'에 대한 고려를 잊어버릴 때가 많습니다. 그러면 자칫 대중과 유리된 작품을 만들게 됩니다.

제 작업물을 보고 아내가 자주 하던 말이 "너무 복잡하다. 어떤 방식으로든 단순하게 정리했으면 좋겠다"라는 것이었습니다. 처음에는 반감을 가지고 논쟁을 한 적도 많았지만 지금은 어느 정도 수긍하는 입장이 되었습니다. 하지만 '단순하게 정리한다'는 것이 말처럼 쉬운 일은 아닙니다. 많은 사례를 통한 스터디, 스케치, 실제 프로젝트로의 적용, 이론적인 공부의 뒷받침 등이 수반되어야 단순하고 기능적으로도 충실한 건축물이 나올 수 있기 때문입니다.

단순한 건축이 가장 많이 지적받는 포인트는 '단조로움' 혹은 '심심함'입니다. 그래서 처음에는 '쿨'하게 '심플'하게 만들려고 하다가도 나중에는 나도 모르게 이것저것 군더더기를 붙이게 됩니다. 왠지 휑해 보이고 없어 보이기 때문입니다. 설계하는 사람들은 이럴 때 흔히 '디자인이 덜 되어 보인다'라는 표현을 씁니다. 단순함만으로 승부하기에는 뭔가 자신이 없고, 뭐라도 덧붙여야 디자인적인 시도를 한 것처럼 생각되어서입니다. 이런 딜레마에서 빠져나올 수 있는 건축가들은 정말 몇 명 되지 않습니다. 그만큼 순수한 메스(mass, 건물의 덩어리 감을 뜻하는 말)에 자신이 있어야 가능한 일입니다.

이 정도 수준에 이른 건축가로 저는 두 사람을 꼽고 싶습니다. 포르투갈의 대표 건축가인 알바로 시자와 일본 건축가 요시오 다니구치Yoshio Taniguchi입니다. 알바로 시자의 건축은 우리나라에도 몇 개 있습니다. 파주 출판도시에 있는 미메시스 미술관이 그의 대표작입니다. 두 건축가의 작품을 보면 결코 대단하거나 화려한 시도를 하지 않으면서도 높은 경지의 건축을 보여주고 있다는 느낌을 받을 수 있습니다. 저는 가장 존경하는 건축가로 이 두 분의 작품을 자주 살펴보고 있습니다.

건축가 외에도 실제 건축물이나 오브제를 통해서도 저의 건축 철학을 끊임없이 고민합니다. 그 중 하나가 종묘입니다. 종묘는 조선 시대 왕과 왕비의 신위를 봉안한 사당입니다. 기능과는 별개로 건축적 구성은 매우 심플합니다. 좌우 대칭의 기다란 장방형 건물에 큰 지붕이 올려져 있고 그 아래로 기둥이 줄지어 서 있습니다. 하지만 그 단순함에서 오는 묵직함과 기품은 평범한 건축물이 따라가기 힘든 수준을 보여 줍니다. 이 건물을 보고 있으면 경복궁같이 화려한 단청이나 장식 하나 없이도 좋은 건축을 한다는 것이 어떤 것인지 느끼게 해줍니다.

그리고 또 다른 하나의 사례는 달항아리입니다. 달항아리는 조선 후기의 백자 양식입니다. 조병수를 비롯한 많은 유명 건축가들이 달항아리에서 영감을 받았다고 합니다. 심지어 앞서 말씀드린 데이비드 치퍼필드도 아모레 퍼시픽 사옥

조선시대 왕의 신위를 봉인한 종묘. 단순하면서도 묵직한 구성이 많은 영감을 준다.

조선시대 백자 달항아리. 단순하면서도 정감있는 형태가 일품이다.

을 설계하면서 달항아리를 언급했습니다. 달항아리는 크게 기교를 부린 것 같지 않으면서도 은은하고 정감 있는 아름다움을 풍기는 문화재입니다. 보고 있으면 '무기교의 기교'라는 말이 가장 잘 어울리는 문화재라는 생각이 듭니다. 이런 경지의 작품을 만들어내는 것은 정말 초고수가 아니고서는 할 수 없는 일입니다.

마지막 세 번째는 김정희의 추사체입니다. 김정희의 추사체는 시대를 거치면서 다양한 모습으로 변화했습니다. 그중에서도 후반부의 작품들은 대담하면서도 독특한 미감을 뽐내고 있는데, 역시 크게 힘을 들이지 않은 듯하면서도 특유의 힘 있는 필치를 드러내는 것이 특징입니다.

이 세 가지 사례의 특징은 화려하거나 현란한 기교를 최대한 배제하고 무심한 듯하면서도 본질에 충실한 작업으로 높은 경지에 이른 단순함을 보여준다는 공통점을 갖고 있습니다. 제가 이루고 싶은 경지가 바로 이것입니다. 그러면서도 '저만의' 정체성, 나아가 '대한민국' '우리 민족'의 문화적 정체성까지도 표현하는 것이 저의 최종 목표입니다.

아직은 손에 잡힐 듯 잡히지 않는 모호하면서도 막연한

지향점이긴 합니다만 매일 고민하고, 스케치해보고, 실무에도 적용해 나간다면 언젠가는 완성할 수 있는 저만의 건축철학이 되지 않을까 생각해봅니다.

이제 본격적으로 저의 건축 철학을 실현하도록 도와 줄 습관에 대해 설명드리도록 하겠습니다. 이 습관들은 건축가는 물론이고 건축가가 아닌 분들도 함께 따라 할 수 있는 습관입니다. 좋은 습관에 어떤 분야가 있다고 생각하지는 않습니다. 좋은 결과물을 만드는 방법에는 공통점이라는 게 있습니다. 그래서 최고의 경지에 이르는 방법은 어느 분야나 비슷합니다. 이 습관들을 참고삼아 제가 목표로 하는 건축철학처럼 여러분도 여러분만의 지향점을 만들어 갔으면 합니다.

건축가의

습관

건축가의 생각을 표현하는
가장 강력한 도구

이제부터 본격적으로 '건축가의 습관', 정확히는 건축가로 일하는 저의 습관에 대해 말씀드리도록 하겠습니다. 첫 번째로 무엇을 얘기할까 무척 고민했습니다만 역시 그림 그리는 것, 스케치하는 습관을 가장 먼저 말씀드리지 않을 수 없습니다.

다른 무엇보다도 저의 정체성을 명확히 드러내는 것은 스케치입니다. 앞서 말씀드렸다시피 전 어렸을 때부터 만화를 즐겨 그렸습니다. 그래서인지 그림에는 어느 정도 자신이 있는 편입니다. 어렸을 때는 만화가를 꿈꿨고 심지어 대학을 다닐 때까지도 '게임 회사에서 그래픽 디자이너가 될 수 없을까'를 고민했습니다.

같은 그림이긴 하지만 건축에서의 스케치는 일반적인 그림과는 조금 다릅니다. 사람이나 물건이 아니고 건물의 조형과 공간을 그리는 것입니다. 그래서 정물화나 풍경화에 더 가깝다고 할 수 있습니다.

건축가들마다 스케치하는 방식은 조금씩 다릅니다. 붓 펜으로 건물의 큼직큼직한 흐름과 콘셉트 아이디어를 대담하게 표현하는 건축가도 있고, 얇은 펜으로 세밀하게 공간이나 디테일을 표현하는 건축가도 있습니다. 화가들이 각자 자신의 스타일을 가지고 있는 것과 비슷합니다. 최근에는 건축설계에도 컴퓨터가 적극 활용되고 있기 때문에 스케치를 활용하는 빈도는 점점 줄어들고 있습니다. 스케치업이나 라이노 등의 3D 모델링 프로그램을 활용하면 컴퓨터 안에서 가상으로 건물을 지어볼 수 있고, 브이레이나 루미온 등의 렌더링 프로그램을 활용하면 마치 실사와 같이 실감 나는 화면으로 전환해서 시뮬레이션해볼 수도 있습니다.

점점 컴퓨터 툴이 좋아지고 있기 때문에 스케치나 모형

제작 등의 수작업 빈도는 점점 줄어들고 있습니다. 손으로 하게 되면 시간도 많이 걸리고 어차피 컴퓨터로 다시 해야 되기 때문에 번거로움도 있습니다. 그래서 젊은 직원들이나 학생들은 손으로 하는 것을 기피하는 경향이 있습니다.

사실 저만 해도 한때는 그런 학생이었고 그런 직원이었습니다. 항상 컴퓨터로만 작업하다 보니 어느덧 수작업은 잘 안 하게 되고 당연히 익숙해지지도 않았습니다. 학생 시절 제도 수업을 위해서 억지로 해보거나 건축사 시험 준비를 하면서 손도면을 그려본 정도가 전부였습니다. 그렇지만 교수님들이나 고참 소장님들은 "컴퓨터로 바로 그리지 말고 손으로 먼저 그려보라"고 항상 말씀하셨습니다. 그런데 그때는 그게 꼭 옛날 분들이 하는 잔소리처럼 느껴졌습니다.

사실 선배들이나 선생님들이 그런 말씀을 한 것에는 다 이유가 있습니다. 컴퓨터가 아무리 좋아졌다 해도 아이디어를 즉각적으로 시각화하는 가장 강력한 도구는 스케치이기 때문입니다. 공간과 조형에 대한 어떤 좋은 아이디어가 떠올랐다고 해서 그 자리에서 바로 컴퓨터를 꺼내 들고 모델링을 하거나 도면을 그리는 것은 쉽지가 않습니다. 하지만 스케치

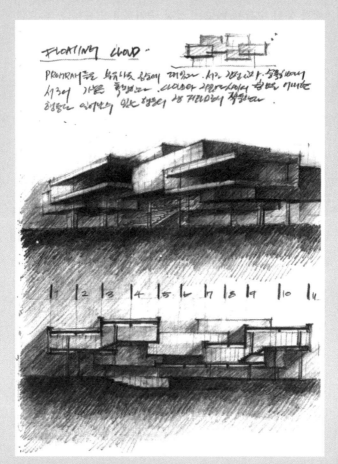

저의 건축 아이디어 스케치

는 연필과 종이(노트나 스케치북)만 있다면 손으로 간략하게 표현할 수 있습니다. 그래서 평소에 스케치 연습을 많이 해두면 공간과 조형에 대한 아이디어가 풍부해집니다. 매일 컴퓨터를 켜고 모델링을 하는 것보다는 스케치북을 펴서 그림을 그리는 것이 훨씬 쉬우므로 연습도 시시때때로 할 수 있습니다. 이런 이유로 디자인 계열의 업무에서 손으로 하는 스케치의 중요성은 건축은 물론이고 다른 분야에서도 절대 줄어들지 않습니다.

큰 회사에서 퇴사를 생각할 때쯤, 저만의 강점을 가지려면 어떤 걸 해야 할까 고민했던 시기가 있었습니다. 그때 생각한 것이 블로그를 해보자는 것이었습니다. 그렇게 블로그에 올릴 콘텐츠를 고민하다 스케치를 생각하게 되었습니다. 사실 그때까지만 해도 그다지 건축 스케치를 자주 하지도, 잘하지도 못했습니다. 블로그 운영 차원에서라도 스케치를 열심히 해야겠다 생각하고 이것저것 살피던 과정에서 결정적으로 이거구나 하고 제게 큰 영향을 준 두 건축가가 있습니다. 바로 이타미 준ITAMI JUN 건축가와 박승홍 건축가입니다.

2011년에 타계한 이타미 준 건축가는 일본과 한국에서 활동한 재일교포 출신의 건축가입니다(본명은 유동룡). 제주도에 지어진 방주교회, 물의 교회, 포도 호텔 등의 작품이 유명합니다. 이 분은 건축 작품도 작품이지만 세밀하게 묘사하는 스케치로도 유명한 분입니다. 거의 미술 작품 이상의 수준입니다. 저도 명성은 익히 알고 있었지만, 과천 현대미술관에서 열린 전시회를 보고서는 더 큰 감명을 받았습니다. '나도 이 정도 스케치와 건축 작품으로 내 전시를 해보고 싶다'라는 생각까지도 품게 하였습니다. 그리고 박승홍 건축가는 디자인캠프 문박디엠피의 대표 건축가입니다. 역시 특유의 스타일이 살아있는 스케치로 유명합니다. 건물의 설계 과정을 스케치만으로 풀어낸 듯한 것이 매우 인상적입니다.

저는 이분들의 스케치를 참고삼아 저만의 스케치를 본격적으로 연습하기 시작했습니다. 하루 한 장까지는 아니더라도 일주일에 두세 장 정도는 스케치하려고 노력했고 완성된 스케치는 블로그에 업데이트하기 시작했습니다. 지금까지 약 200여 개 정도의 스케치를 업데이트했습니다. 제가 평소에 생각하는 건축 디자인의 아이디어를 그린 것도 있고, 제가 존경하는 건축가의 작품을 따라 그린 것도 있습니다. 회

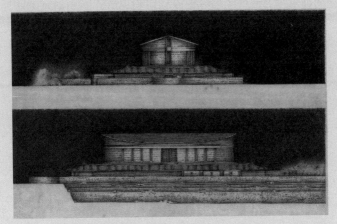

이타미 준 건축가의 온양미술관 스케치

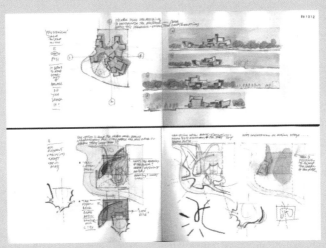

박승홍 건축가의 부산 오페라 하우스 스케치

사에서 프로젝트를 진행할 때 냈던 아이디어 중 아쉽게 채택이 되지 못했지만, 스케치로 따로 남겨 둔 것도 있고 지도하는 학생들의 작품을 좀 더 발전시켜 그린 것도 있습니다. 그리고 다른 도면을 따라 디테일하게 그린 스케치도 있습니다.

뭔가 아이디어가 갑자기 떠올라서 스케치를 시작하는 경우는 별로 없는 것 같습니다. 일단 앉아서 뭐라도 그려보자는 생각으로 끄적거리며 시작할 때가 훨씬 많은 것 같습니다. 사실 사람의 아이디어라는 것이 한정되어 있기 때문에 뭔가 영감이 떠오를 때까지 기다린다면 그림 그릴 일이 많지 않습니다. 오히려 아무 생각 없이 이것저것 그리다 보면 뭔가 떠올라서 계속 그리게 됩니다. 그래서 하루로 치면 10분, 15분이라도 스케치할 시간을 따로 가지려고 합니다. 그렇게 해서 최소 일주일에 하나 이상의 스케치는 하고자 합니다.

스케치를 습관으로 만드는 것이 처음에는 쉽지가 않았습니다. '이번 건 정말 별로다. 그냥 포기해야겠다'라고 생각하고 그만둔 스케치도 많았습니다. 하지만 연필로 하는 스케치는 지우개로 지우고 다시 하면 된다는 장점이 있습니다. 쉽게 말해 완전히 버릴 일은 없다는 것입니다. 좀 묵혀두었다가 다시 쳐다보면 '이렇게 수정하면 괜찮겠구나'라는 생각이 들 때도 있고, 다시 붙잡고 그리다 보면 그럭저럭 봐줄 만한 수준으로 완성되기도 합니다. 이렇게 포기하지 않고 끝까지 완성하는 습관은 실제 실무 작업을 하는 데도 많은 도움을 주었습니다.

스케치를 열심히 한 이후부터는 확실히 건축물의 매스 형태, 입면 구성, 공간을 다루는 능력이 향상되었다는 것을 느낍니다. 이것은 어찌 보면 당연한 일입니다. 건축설계에서 우리가 디자인이라고 부를 만한 일은 거의 프로젝트 초기에만 집중적으로 하게 됩니다. 그 이후 시간은 후속 작업인 세부 도면 작성이나 각종 문서 작성 등 부차적인 일에 힘을 쓰게 됩니다. 따라서 실제 디자인에 대한 감각을 기르거나 연습하는 시간은 그다지 많지 않다고 봐야 합니다. 그래서 평소의 꾸준한 스케치 연습은 이러한 감각을 기르고 연습하는 데 매우 중요한 역할을 합니다. 설사 그것이 실제 건물로 실현되지 않는다 해도 말입니다.

저를 지도하신 교수님 중 한 분은 '디자인은 매일 연습하고 갈고 닦지 않으면 실력이 준다'는 말씀을 많이 하셨습니다. 갑

자기 건강이 안 좋아지셔서서 안타깝게도 몇 년 전에 작고하셨는데, 다른 말씀보다도 저 말씀이 가장 기억에 남아있습니다.

제 생각에 매일 디자인을 연습하는 방법은 '스케치' 밖에 없는 것 같습니다. 조금씩이라도 실력을 향상하려면 좋은 건물 자료 자주 보고, 많이 가서 체험하고, 정리된 생각들을 '그려보는' 수밖에 없습니다. 제가 큰 회사도 다녀보고 작은 회사도 체험하면서 다른 선배나 동료를 많이 봐왔지만, 스케치를 습관적으로 하는 분들은 생각보다 많지 않았습니다. 다들 말로는 '스케치해야지' '스케치 연습이 필요하지'라고 하지만, 현실 업무가 워낙 바쁘고 빠르게 돌아가기 때문에 시간 내는 게 쉽지가 않습니다. 저는 '습관'이라고 부를 만큼 자주 스케치를 하고 결과물을 블로그와 SNS에 꾸준히 올리고 있습니다. 이것만으로도 다른 건축가들과 차별화되고 있다고 생각합니다.

스케치를 주기적으로 하기 위해 '스케치 모임'도 하나 만들어서 운영하고 있습니다. 저 혼자 하는 것 보다 아무래도 몇 명이라도 모여서 약속을 하고 공유를 하는 게 나을 것 같아서 시작하게 되었습니다. 멤버들과 일주일에 최소 한 개

이상의 스케치를 올리는 것을 목표로 진행 중인데, 다른 건축가 두 분과 일반인 한 분이 같이 참여해주고 계십니다.

제가 하는 스케치는 세밀한 펜으로 하는 디테일한 스타일은 아닙니다. 다소 거친 연필 선으로 메스의 입체감과 음영, 창 등을 표현합니다. 그리고 색연필로 하늘의 파란색, 나무의 녹색 등에 포인트를 주는 식입니다. 이는 앞서 언급했던 이타미 준이나 박승홍 건축가의 영향을 받은 것인데요, 처음에는 그분들의 스케치를 따라 그렸지만 오래 하다 보니 조금씩 저만의 스타일이 만들어진다는 것을 느낍니다.

그리고 스케치를 하면서 저는 조선 시대 막사발을 만들던 도공들을 생각할 때도 있습니다. 조병수 건축가의 책에서 읽었는데, 당시 도공들은 하루에도 몇십 개씩 그릇을 만들고 다시 깨뜨리곤 했다고 합니다. 사실 하루에 그릇 몇십 개를 만들고자 한다면 하나의 그릇에 많은 시간과 에너지를 쓸 수는 없습니다. 건축 스케치 역시 한 번에 완벽한 작품을 만들려고 하는 것보다는 가능성에 중점을 두고 많은 시도를 해보는 것이 중요하다고 생각합니다. 그러다 보면 양이 질로 전환되는 순간이 온다고 생각합니다.

건축 작업은 설계와 시공에 오랜 시간이 걸리는 일이기 때문에 유명한 건축가라 하더라도 완성작이 몇 개 없는 경우가 많습니다. 그만큼 실제적인 경험이 적을 수 있습니다. 그래서 저는 스케치로 그런 단점을 커버하고 있습니다. 스케치로 설계하는 것은 돈도, 시간도 많이 쓰지 않으면서 작지만 하나의 건물을 빠르게 디자인해볼 수 있는 거의 유일한 방법입니다. 그렇게 계속 스케치를 연습하고 저만의 건축 언어를 만들어가는 것. 이것이 저의 건축 철학, '단순함 속의 단단함'을 구현해가는 가장 효과적인 방법이라고 생각합니다.

글은 건축가의
또 다른 표현의 도구

두 번째로 소개해 드리고 싶은 습관은 글쓰기입니다. 사실 앞에서도 말씀드렸다시피 제 자신을 '그림을 잘 그리는 사람'으로 생각해왔지 '글을 잘 쓰는 사람'이라고 생각한 적은 별로 없었습니다. 학창시절부터 글을 잘 쓴다고 생각해본 적도 별로 없었고요. 제가 예전에 대학을 들어갈 때는 논술 시험을 봐야 했던 터라, 그때 잠깐 글 쓰는 연습을 해본 것이 전부였습니다.

하지만 건축가는 자기 생각을 글로 전달해야 하는 일이 생각보다 많습니다. 학생 때에는 공모전에 참석하기 위해 패널이라는 것을 꾸며야 하는데, 도면이나 투시도(건물의 실제 모습을 표현한 그림) 그리고 다이어그램(건축설계의 개념을 설명한 그림)과 함께 글도 써야 합니다. 이 글은 비록 짧지만 설계의 핵심 개념을 담아야 하기 때문에 잘 써야 합니다. 심사위원들이 글보다는 투시도나 도면 등의 이미지를 먼저 보는 것이 사실이지만, 순위권 안으로 들어가 1,2등을 다투게 될 때면 글도 전부 읽어 보기 때문에 결코 대강 쓸 수가 없습니다.

설계 사무소에서 일하다 보면 보고서라는 것을 자주 작성하게 됩니다. 패널과 비슷하게 도면과 투시도, 다이어그램, 모형 사진에 회사의 실적 등을 더해 건축주들을 설득하는 내용이 들어갑니다. 여기에도 다양한 종류의 글을 쓰게 되는데 대지를 분석하는 내용, 설계안의 우수성을 강조하는 내용, 회사의 강점을 소개하는 내용 등을 담게 됩니다. 당연히 보고서에서 이 글은 상당히 중요합니다. 따라서 보고서 글은 고참급 소장님들이 직접 씁니다. 작은 사무소에서는 대표 소장님이 직접 작성하는 예도 많습니다.

저는 회사에서 이런 글을 쓰면서 '내가 글을 못 쓰는 것은 아니구나'하는 생각을 했습니다. 왜냐하면 큰 회사의 소장님들은 워낙 바빠서서 이런 글을 직접 못 챙길 때가 많은데, 그럴 때면 제가 먼저 쓰고 나중에 간단한 수정 사항만 체크받고 넘기곤 했기 때문입니다. 특별히 큰 수정 사항이 없는 경우도 많았고, 제가 쓴 글이 괜찮았다는 칭찬도 심심찮게 듣곤 해서 '내가 글 쓰는 능력이 나쁘지는 않구나'라고 생각했습니다. 그러다가 지금의 아내와 연애를 하면서 종종 손 편지를 써주었는데, 제가 쓴 글에 좋은 인상을 많이 받았다고 했습니다. 특별한 날이면 아내의 사진을 보고 그림도 그려주고 손 편지도 써주었습니다. 그러면 그림보다 글이 좋다는 칭찬을 많이 했습니다. 아마 아내도 그림을 잘 그리는 편이라 그림보다 글에서 좀 더 강한 인상을 받지 않았나 싶습니다. 아무튼 아내 덕분에 '내가 그림보다 글에 더 소질이 있을 수 있겠구나'하는 생각을 처음 하게 되었습니다.

앞에서도 말씀드렸지만 회사를 옮길 무렵 저 자신을 알릴 방법으로 블로그 운영을 생각했고, 스케치에 이어 글쓰기도 블로그 콘텐츠로 적합하다는 생각을 했습니다. 그래서 제가 보았던 인상적인 건물에 대한 감상, 건축과 관련한 책의 서평 쓰기부터 시작했습니다. 사실 건물을 보고 나면 '좋았다.

멋지다. 이건 좀 별로다' 정도의 인상만 산발적으로 머리에 남게 됩니다. 그리고 휴대전화로 사진 몇 장을 찍어오는 것이 전부입니다. 그래서 이런 것들을 체계적인 글로 정리하는데에는 꽤 많은 생각과 시간을 필요로 합니다. 건물에 대한 글을 쓰기 위해서는 설계한 건축가나 제반 사항에 대한 정보가 필요하므로 인터넷 검색도 추가로 해야 합니다.

책에 대한 서평도 마찬가지입니다. 책을 읽는 것은 그래도 쉬운 일이라 할 수 있지만 거기서 요점을 간추려내고 내 생각을 담아 한 편의 글로 다시 정리하는 것은 생각보다 어려운 일입니다. 그 밖에 건축과 관련해서 평소에 생각한 것, 각종 전시회나 강연 등에 참석한 후기 등도 올리기 시작했습니다. 이렇게 조금씩 쓰다 보니 블로그 글쓰기에 익숙해지기 시작했고, 브런치라는 글쓰기 사이트에도 가입하여 그곳에도 글을 올리기 시작했습니다. (블로그와 브런치에 대해서는 다른 글을 통해 상세히 설명해 드리겠습니다.)

저는 현재 스케치 모임과 마찬가지로 글쓰기 모임도 하나 만들어서 운영 중입니다. 저를 포함해서 세 분 정도가 참여하고 있습니다. 모임에서는 일주일에 한 편 이상의 글 쓰기를 목표로 하고 있습니다. 혼자 쓰면 힘든 일이지만 서로 격려하고 응원하다 보면 아무래도 힘도 나고, 자극도 받는 것 같습니다. 의무감도 더 생기고요. 오프라인 모임도 한 번 가졌는데, 얼굴을 본 이후로는 좀 더 친숙해진 느낌입니다.

제가 다양한 글을 블로그에 올리고 있지만, 궁극적인 목표는 역시 글쓰기를 통한 나만의 건축 철학 만들기와 글쓰기를 통한 내 이름 알리기입니다. 건축가란 사람도 결국 자신을 알려야 일을 수주할 수 있습니다. 아직은 유명 건축가가 아니므로 어떤 커다란 실적 없이 나를 알릴 방법은 많지 않습니다. 앞으로 더 많은 생각과 글쓰기를 통해 저의 건축철학을 더 많은 사람들에게 알리고자 합니다.

최근에는 일반인들을 상대로 건축을 쉽게 알 수 있도록 '알기 쉬운 집짓기 안내서'라는 카테고리로 집짓기의 과정과 여러 지식을 최대한 알기 쉽게 정리해서 써보고 있습니다. 궁극적으로 이 글들을 모아 건축주를 도우면서 저도 홍보할 수 있는 '집짓기 책'을 내는 것이 또 하나의 목표입니다. 그 밖에 건축계 후배들과 건축과 학생들의 고민을 같이 생각해보는 '건축 상담'이라는 글도 몇 편 써보았습니다. 이 글을 보고 저에게 상담을 요청하는 분들이 있을 만큼 반응도 꽤 괜찮은 편입니다.

전 한때 만화가를 꿈꿀 정도로 이야기를 만드는 것에도 관심이 많습니다. 예전에 큰 사무실에 다닐 때 잠깐 생각했던 플롯을 바탕으로 취미 삼아 소설도 한 편 써보았는데,『건축소설 COMPETITION』이라는 제목의 책입니다. 현상설계에 도전하는 젊은 건축인들의 땀과 열정, 그리고 그 뒤에 숨겨진 부조리와 음모를 파헤쳐가는 이야기입니다. 아직은 아마추어 수준이라 약간은 어설픈 소설이지만, 쓰는 동안 참 즐거웠습니다. 다른 분들이 이 소설을 어떻게 보든(물론 재미있게 봐주시면 참 좋습니다) 저 스스로 재미있고 만족스럽게 생각하는 글입니다. 건축가의 일하는 모습을 알리고 건축 분야를 홍보하는데도 좋은 시도였다고 생각하고 기회가 된다면 후속작도 써보고 싶습니다.

쓰면 쓸수록 느끼는 것이지만 글이라는 건 참 솔직한 것 같습니다. 얼핏 생각하면 글을 쓰면서 온갖 미사여구를 동원하면서 자기 자신을 숨길 수도 있을 것 같지만 그렇게 되지는 않는것 같습니다. 길게 쓰면 쓸수록 글쓴이의 성격과 생각,

철학 등이 고스란히 묻어납니다. 제 글을 보신 분들이나 같이 글쓰기 모임 분들도 비슷한 말씀을 많이 하십니다. 제 글에서 성격이 그대로 드러난다고요. 제 자랑(?) 같아서 조금 민망하지만 저의 솔직하고 진지한 성격이 글에서도 그대로 드러난다고 하셨습니다. 아마도 쉬운 내용이라도 최대한 자세하고 친절하게 해설하려고 썼던 것이 그렇게 비춰지는 것 같습니다. 다른 분들의 글을 봐도 거만한 글을 쓰는 사람은 성격도 거만할 것 같고, 자신감 없는 글을 쓰는 사람은 그 사람 자체도 소극적일 것 같습니다. 이처럼 글이라는 것은 그 사람 그대로를 비추는 거울과 같다는 생각이 듭니다.

건축가들은 자기 생각을 책으로 많이 펴냅니다. 건축가 르 코르뷔제는 『건축을 향하여』라는 책을 통해 자신의 건축 철학을 세상에 선보였습니다. 네덜란드의 세계적인 건축가 렘 쿨하스Rem Koolhaas도 『정신착란의 뉴욕』, 『S M L XL』이라는 저서를 통해 세계 건축계에 자신의 존재감을 알렸습니다. 국내에서도 승효상 선생이 『빈자의 미학』이라는 책을 통해 자신의 건축 세계를 알린 사례가 있습니다. 저도 건축과 관련된 저의 생각과 철학 그리고 지식을 발전시키는 도구 나아가 제 삶을 가다듬는 방법으로 글쓰기를 계속해서 멈추지 않을 생각입니다.

독
서

다양한 분야의 지식이
내 건축의 자양분

건축은 굉장히 종합적인 분야입니다. 우선 건물은 구조적으로 안정적이어야 합니다. 태풍이 불거나 지진이 나더라도 무너지는 일이 없어야 하겠죠. 그래서 먼저 구조 공학적인 측면에서 살펴봅니다. 기둥과 기둥 사이의 간격은 적절한지, 벽의 두께는 적절한지 등을 봐야 합니다. 이런 것들은 구조공학을 전공하신 분들이 주로 살펴보지만 설계자도 어느 정도의 지식을 가지고 사전에 검토할 수 있어야 합니다. 그리고 시공 측면에서도 공사가 가능한지 살펴봐야 합니다. 창호가 벽에 잘 붙어있을지, 화장실이나 지붕에서 물이 샐 우려는 없을지 등도 검토해야 합니다. 그리고 법규도 잘 살펴봐야 합니다. 건물과 건물은 얼마나 떨어져야 하는지, 건물에 주차장은 몇 대가 설치되어야 하는지 등 건물의 많은 부분이 법으로 규정되어 있기 때문에 이런 법규를 충분히 숙지하고 설계하지 않으면 자칫 불법 건축물이 될 우려가 있습니다. 이 밖에도 인허가 처리를 위한 행정 절차도 잘 알아야 합니다. 건물 소유와 관련한 세금에 대해서도 어느 정도 알아야 하고, 부동산 개발과 관련해 이익이 날 수 있는지 없는지도 예측할 수 있어야 합니다.

건물 설계는 지금까지 열거한 것들 위에 건축가 하면 생각하는 소양, 즉 디자인이나 철학 등이 덧씌워져서 완성됩니다. 앞에서 여러 가지를 열거했지만 사실 건축물이 올라가는 동안 필요한 지식은 정말 넓고 방대합니다. 건축가 한 사람이 이 많은 것들을 완전히 숙지하는 게 가능할까 싶을 정도입니다. 사실 건축가들이 이 모든 지식을 다 숙지하지는 못합니다. 저 역시도 마찬가지고요. 그래서 건축가마다 각자 다루는 주된 영역이 있습니다. 다시 말해 작은 단독주택과 큰 오피스 건물, 여러 동의 아파트 설계는 완전히 다른 분야이고 필요한 지식도 전혀 다릅니다. 그래서 한 번도 안 해본 분야의 프로젝트를 맡게 되면 그때그때 인터넷 검색이나 책을 통해 새롭게 지식을 쌓거나 그 분야를 잘 아는 분께 물어보는 식으로 일을 처리합니다.

하지만 물어보는 것도 어느 정도이지 결국에는 건축가 스스로 지식을 쌓아야 합니다. 지식을 쌓는 방법에는 어떤 것이 있을까요? 여러 가지가 있겠지만 역시 독서를 가장 먼저 꼽고 싶습니다. 인터넷이 세상의 모든 지식과 연결되어 있고 저도 인터넷으로 다양한 지식을 찾고 있습니다만, 모든 것을 커버할 수는 없습니다. 평소에 독서를 통해 최대한 많은 지식을 머릿속에 넣어두어야 긴급한 상황에서 요긴하게 써먹을 수 있습니다.

말씀드렸다시피 저는 큰 설계사무소에서 7년 정도 일을 하고 작은 사무소로 자리를 옮겼습니다. 큰 회사에서는 직접 현장에 적용되는 도면을 그리는 것보다는 발표용 PT나 보고서를 만드는 작업을 더 많이 했습니다. 그리고 현장에 직접 나가 도면대로 건물이 완성되는지 체크하는 업무, 즉 감리 일도 거의 하지 않았습니다. 하지만 작은 설계사무소에서의 업무는 현장에서 바로 쓰이는 도면을 작성하거나 현장과 의사소통을 하고, 때로는 방문도 하면서 진행 상황 등을 체크해야 합니다. 같은 설계사무소지만 하는 일은 이렇게 많이 다릅니다. 같은 판매시설이지만 이마트나 코스트코의 운영 방식과 동네 편의점 운영 방식이 완전히 다른 것과 비슷합니다. 큰 회사에서 작은 회사로 이직할 때 이런 상황을 어느 정도는 알고 있었지만, 큰 회사에서의 경험만으로는 작은 사무실 업무에 적응하는 것이 생각보다 쉽지가 않았습니다. 그래서 어떻게 하면 그 간극을 빨리 메꿀 수 있을까 고민했습니다. 생각 끝에 '집짓기'에 관한 책을 적극 읽어야겠다고 생각했습니다.

건축학도 출신으로 무려 7년이라는 실무 경험도 가졌지만 결국 다시 원점으로 돌아온 듯 집짓기 책을 펼치기 시작했습니다. 고백건대, 저도 처음에는 집짓기에 처음 도전하는 일반인과 크게 다를 바가 없었습니다. 그전부터도 자기계발서 같은 책들은 꽤 많이 읽었지만 건축 관련 책은 가끔 읽어보는 정도였습니다. 건축 책은 주로 건축 사진이 다수 들어간 화보집(이런 책으로는 국내에서는 『공간』space이라는 잡지가 유명하고, 외국 잡지 중에는 『엘 크로키』El Croquis라는 스페인 잡지가 유명합니다)같은 것을 봤지 현장 경험을 담은 책을 본 적은 많지가 않습니다. 이처럼 디자인 위주의 피상적인 정보만 접하다 보니 저에겐 실무적인 지식이 부족했습니다. 하지만 신경 써서 찾아보니 실무적인 정보를 주는 책들이 전혀 없는 것은 아니었습니다. 주로 건축을 잘 모르는 건축주들을 대상으로 집짓기의 전체적인 과정과 노하우를 친절하게 설명한 책이었습니다. 일반인을 대상으로 하는 책이었지만 저에게도 많은 도움이 되었습니다.

그렇게 큰 회사에서 작은 회사로 옮긴 후에야 집짓기에 관한 책을 읽어보기 시작했고, 시중에 나와 있는 집짓기 책은 전부 다 읽어보겠다는 각오로 접근했던 것 같습니다. 그다지 도움이 되지 않는 책들도 있었지만, 알토란 같은 정보를 주는 책들도 많았습니다. 그중에서도 조남호, 문훈, 김창균 소장님 등이 함께 쓴 『집짓기 바이블』이나 손창완 건축주님이 쓴 『건축주만 알려줄 수 있는 집짓기 진실』 같은 책이 기억에 남습니다. 집짓기를 생각하시는 건축주분들이라면 일단 이런 책 다섯 권 이상은 읽어보고 시작하는 것을 추천해 드립니다.

시공 현장에서는 아직도 많은 말이 일본어로 사용됩니다. '공구리'(콘크리트) '노가다'(일꾼) 등이 대표적입니다. 전 처음 겪는 낯선 현장에서 그 말들을 알아듣기가 무척 힘들었습니다. 그러다 우연히 읽은 어떤 집짓기 책에서 일본어로 통용되는 건설 용어들을 정리한 것을 보았습니다. 저는 그것들을 일일이 베껴 적고 휴대전화로 옮겨서 수시로 들여다보았습니다. 이러한 노력을 통해 좀 더 원활하게 현장과 소통할 수 있었습니다.

이처럼 독서는 실무와 현장에서 실제로 저에게 많은 도움을 주었습니다. 최근에는 개인적으로 알고 지내는 지인들을 모시고 건축 스터디 모임도 하고 있습니다. 건축과 관련해서 제가 추천드리는 책을 같이 읽고 간단한 세미나를 하고, 좋은 건축물을 같이 찾아가 보는 식으로 진행합니다. 스터디에서 같이 읽었던 책 중에서 일반인 시각에서 쉽게 건축을 이해할 만한 책들을 몇 권 소개해보겠습니다.

먼저 마마다 스스무의 『주거해부도감』입니다. 다양한 일러스트를 통해 주택과 주거의 기본을 담았습니다. 건축가인

저조차도 이 책을 통해서 주택 설계의 기본에 대해서 많이 배웠고, 다시 한번 생각해보게 되었습니다. 그림으로 쉽게 설명한 것이 특징입니다. 이 책을 시작으로 비슷한 구성의 후속작들도 많이 나왔는데 이 책만큼 충실해 보이진 않습니다. 두 번째는 김홍철 작가의 『건축의 탄생』입니다. 세계 건축계를 상징하는 스타 건축가들의 일생과 대표작들을 만화와 일러스트로 푼 책입니다. 무엇보다 만화로 되어 있어 읽기가 쉽습니다. 일러스트도 수작업으로 정교하고 아름답게 그려져 있어 일반인들이 건축을 접하기에 상당히 좋은 책이라 생각됩니다. 세 번째는 민현식 건축가의 『건축에게 시대를 묻다』입니다. 2000년대 초반에 쓰인 책인데, 당시 유명했던 건축물들을 건축가의 시선에서 풀어쓴 책입니다. 건축가 중에서도 가장 인문학적 소양이 뛰어나고 글을 잘 쓰는 분이 쓰신 책이라 글이 유려하고 잘 읽힙니다. 건축가들은 이런 생각을 하고 건물을 짓는구나 하는 것을 이해하기 쉽게 전달해주는 책입니다.

건축은 결국 그 안에 사는 사람을 위해서 짓는 것입니다. 그러기에 사람에 대한 이해가 선행되어야 합니다. 이를 위해서 무엇보다 필요한 것이 독서입니다. 물론 건축주를 직접 만나고 대화하면서 서로 알아가는 과정이 가장 중요하지만, 그에 앞서 많은 독서를 통해 사람과 사회에 대한 관심을 두고 지식을 넓혀가는 과정이 필수적이라고 생각합니다. 저 또한 그런 의미에서 건축 실무서에서부터 건축을 기반으로 한 인문 교양서까지 최대한 스펙트럼을 넓혀 다양하게 독서하려고 합니다.

그리고 개인적으로 자기 계발서도 열심히 읽는데, 이쪽 부류의 책을 읽다 보면 스스로를 다잡게 되고 내가 가야 할 방향에 대한 추진력을 얻게 됩니다. 스티븐 코비의 『성공하는 사람들의 7가지 습관』이나 나폴레온 힐의 『놓치고 싶지 않은 나의 꿈 나의 인생』은 제가 여러 번 읽으며 뜻을 되새기는 책입니다. 이 두 책은 제 인생에 가장 큰 영향을 준 책이라고도 볼 수 있습니다. 건축가이기 이전에 직장인 또는 사업가로서, 나아가 한 인간으로서 인생을 살아가는 삶의 원칙과 지혜 등을 배울 수 있는 책입니다.

최근에 읽은 책 중에서는 전 메가스터디 엠베스트 김성오 사장님의 『육일약국 갑시다』, 팀 페리스의 『타이탄의 도구들』

등이 인상적이었습니다. 읽으면서 좋은 구절은 줄을 긋고 페이지를 접어두고, 새벽 시간 틈이 나면 좋은 구절들을 필사하기도 했습니다. 그리고 유튜브로는 작가님들의 강의를 따로 챙겨 보기까지도 했습니다.

그중 『육일약국 갑시다』 이야기를 잠깐 하려고 합니다. 건축가로서 제 사무실을(독립을) 생각할 무렵 읽었던 책입니다. 개인적으로 정말 많은 도움을 받은 책입니다. 출간된 지 좀 된 책이라 이미 읽어본 분들도 많을 것 같지만, 젊은 분 중에서는 읽어본 분들이 많지 않을 것 같아 이곳에서 꼭 소개해 드리고 싶습니다.

이 책을 처음 만났을 때에는 '책 제목에 웬 약국 이름?' 이런 생각에 약간 거부감이 생겨 손이 잘 가지 않았습니다. 하지만 워낙 많은 분들이 추천을 하던 책이라 결국 읽어보게 되었는데, 왜 이제서야 봤지 하면서 감탄을 하면서 읽었습니다. 『육일약국 갑시다』라는 책 제목에는 이 책의 필자 김성오 사장님의 간절한 노력이 담겨 있습니다. 김성오 사장님은 원래 약사였습니다. 개업 초창기에 마산 변두리에 작은 약국인 육일약국이 사람들에게 알려지고 명소가 되도록 하기 위해 택시를 탈 때마다 '육일약국 갑시다'를 외쳤다고 합니다. 처음에는 당연히 택시기사들이 육일약국을 모르니 이렇게 저렇게 설명하면서 자신의 약국으로 돌아오곤 했다고 합니다. 그런데 그렇게 계속 "육일약국 갑시다!"를 외치다 보니 어느새 마산 택시기사 중 육일약국을 모르는 이가 거의 없게 되었다고 합니다.

저는 이 이야기를 읽으면서 사업을 성공시키기 위해서는 정말로 간절해야 하고, 떠오르는 아이디어를 즉시 행동으로 옮기는 실행력과 꾸준함이 필수라는 것을 알게 되었습니다. 제가 글을 쓰고 스케치를 하는 것도 매일 같이 '육일 약국 갑시다'를 외친 김성오 사장님처럼 꾸준히 하다 보면 언젠가는 많은 분이 저를 알아주지 않을까 하는 생각에서입니다. 저는 이 책으로 간절함과 함께 고객(저에게는 건축주) 입장에서 생각하고 적극적으로 먼저 챙기는 것이 사업의 기본이라는 것을 배웠습니다.

팀 페리스의 『타이탄의 도구들』에서도 무척 인상 깊게 본 부분이 있습니다. 역시 잠깐 언급하고 싶습니다. 어떤 한 가지 분야에서 상위 1%가 되려고 하기보다는 두 가지 이상의 분야에서 20% 안에 들어서 그 분야를 함께 활용하는 것이 좀 더 쉽게 자신을 특화시킬 수 있다는 메시지입니다. 전 '글 쓰는 건축가'라는 제 닉네임에 이런 전략을 담았습니다. 건축가는 당연히 건축 디자인에 능한 사람이어야 합니다. 그런데 글도 잘 쓰고 책도 자주 내는 건축가라고 한다면 남들이 다르게 보지 않을까요? (웃음) 이 책을 읽는 분은 저의 마음을 인정해 줄 거로 생각합니다.

독서와 관련해서 마지막으로 말씀드리고 싶은 것은 서평 쓰기입니다. 저는 인상 깊게 읽은 책에 대해서는 꼭 서평을 쓰고 그 내용을 블로그와 SNS에 올리고 있습니다. 책을 읽는 것보다 생각을 정리하고 요약해서 글로 옮기는 것이 더 힘든 작업입니다. 특히 건축가들의 책은 아무래도 전문성이 있다 보니 일반인들도 쉽게 이해하도록 요약하기가 쉽지 않습니다. 그래도 그렇게 한 번 정리해두고 나면 다시 보기도 쉽고, 그걸 계기로 다른 분들과 댓글 소통도 할 수 있으니 좋습니다. 그리고 단순히 한 번 읽고 넘기는 것보다 훨씬 많은 내용을 머리에 남길 수도 있습니다.

그리고 독서 후 활동에 대해서도 꼭 강조하고 싶은데요.

책을 보고 나서는 '실천해야 할 것'을 따로 적어 두고 반드시 행동으로 옮기는 것입니다. 책 읽기에만 그치지 않고 실행할 포인트를 찾아 몸으로 옮겨보는 것까지를 중요한 원칙으로 생각하고 있습니다. 왜 그렇게 해야 하는지에 대해서는 따로 설명해 드리지 않아도 잘 알 것입니다.

꽤 길게 독서에 관련된 저의 생각과 습관들을 말씀드려 보았습니다. 올해 초 한 해 동안 읽을 책 목록을 정리하고 최대한 많이 읽어보려고 노력했지만, 중간 점검을 해보면 아직 많이 부족합니다. 약 절반 정도만 읽고 올해가 끝나지 않을까 싶습니다. 하지만 목표를 향해 한 발 한 발 나아가는 행동 자체는 의미가 있다고 생각합니다. 여러분도 올해 읽었으면 하는 도서 목록을 꼭 정리해보고 매일 일정 분량 이상을 읽어나가면 어떨까 싶습니다.

모든 사물의 디자인에는
이유가 있다

우리 주변엔 정말 많은 물건이 있습니다. 지금 이 글을 쓰고 있는 제 책상 위에도 여러 가지가 있는데요. 가만히 살펴보면 펜, 마우스, 연필꽂이, 머그잔 등 일상의 사소한 제품에도 디자이너의 고심이 녹아 있다는 것을 발견할 수 있습니다. 책상에서 가장 쉽게 만나는 펜만 보더라도 손가락으로 집는 부분의 굴곡 처리, 옷이나 노트에 펜을 꽂을 수 있는 걸이, 뚜껑 부분의 처리 등을 보게 되면 그냥 단순히 디자인된 게 아니라는 것을 깨닫게 해줍니다. 우리가 무심코 지나쳤던 사물의 부분 부분이 알고 보면 다 이유가 있는 디자인이라고 해도 틀린 말이 아닙니다. 이렇게 생각하면 새삼 감탄할 것이 한두 가지가 아닙니다.

종이컵을 한 번 보겠습니다. 예전에 서울대 서현 교수님의 책에서 본 내용입니다. 종이컵은 기본적으로 코팅된 종이를 둥글게 말고 아래쪽을 원형의 종이로 받쳐서 물을 담을 수 있도록 한 단순한 제품입니다. 하지만 자세히 보면 그렇게 단순하지가 않습니다. 입에 닿는 부분을 살펴보면 종이의 날카로운 부분이 드러나지 않도록 바깥쪽으로 둥글게 말려 있는 것을 볼 수 있습니다. 작은 디테일이지만 입에 닿는 촉감을 좋게 하려고 만든 방식입니다. 종이의 날카로운 부분이 입술에 그대로 닿는다면 느낌이 그다지 좋진 않을 겁니다. 날카로운 종이에 손이 베이는 경우도 가끔 있으니까요. 또 한가지, 종이컵의 아랫부분을 보면 밑바닥이 바닥에 직접 닿지 않도록 종이를 접어서 턱을 만든 것을 볼 수도 있습니다. 만약 바닥에 종이가 직접 닿는다면 컵에 담긴 커피나 차의 열이 쉽게 뺏길 것이고 거친 바닥에 종이가 손상될 우려도 있습니다. 그래서 그걸 방지하기 위해 살짝 높이차를 둔 것입니다. 우리가 매일 사용하는 종이컵이지만 자세히 보면 이렇게 세심한 디테일이 곳곳에 숨어있습니다.

　다음으로 일상에서 흔히 쓰는 바가지를 설명해 보겠습니다. 원래 바가지라는 것은 물을 퍼 담거나 옮기기 위해서 쓰는 물건입니다. 예전에는 박을 세로로 두 조각 내서 바가지로 썼는데 지금은 플라스틱으로 만든 공산품을 씁니다. 최근에 만들어진 플라스틱 바가지를 보면 예전 박과 다른 것이 물을 따르는 뾰족한 주둥이 같은 게 있습니다. 병 같은 곳에 물을 따를 때 뾰족한 주둥이는 물을 흘리지 않고 잘 따를 수 있는 도움을 줍니다. 그리고 물을 퍼서 옮길 때는 손잡이 역할을 하기도 합니다. 이렇게 작은 물건에도 구석구석 실용성을 고려한 디테일이 디자인되어 있습니다.

　건물 디자인에도 이러한 디테일들이 많이 숨어 있습니다. 얼핏 보았을 때는 지나치기 쉬운 것들이지만 건축가들은 꽤 많은 신경을 쓰고 공을 들입니다. 계단의 난간은 어떻게 처리할 것인지, 벽과 천장 혹은 바닥이 만나는 몰딩이나 걸레받이의 처리는 어떻게 할 것인지 등이 디테일에 해당하는 것들입니다. 작은 디테일이지만 의사 결정을 쉽게 할 수 있는 것은 아닙니다. 건물의 하자를 최소화하면서 디자인이 세련

되어야 하고 시공의 편의성도 고려해야 하기 때문입니다. 이처럼 건물 구석구석에 적용되는 디테일들을 살펴보면 건축의 많은 것을 이해할 수 있습니다.

건축가들은 건물을 만들 때 아주 작은 디테일이라도 무엇이 최선인지 항상 고민합니다. 그리고 앞서 말씀드린 것처럼 주변 사물들을 유심히 관찰하면서 좋은 아이디어를 얻기도 합니다. 앞서 언급한 종이컵의 입에 닿는 부분을 둥글게 처리한 것을 두고 처마 끝 경계부를 깔끔하게 처리하는 방식으로 응용할 수도 있습니다. 그리고 바가지에서 물을 따르는 주둥이 부분의 디자인을 지붕에서 빗물이 흘러나가는 배수관으로 응용할 수도 있습니다. 실제로 르 코르뷔제는 자신의 대표작이라고 할 수 있는 롱샹 성당에 이와 유사한 빗물 배수관을 디자인하였습니다(바가지 주둥이보다는 많이 뾰족합니다만).

이 외에는 건물 디자인을 할 때 생각해볼 수 있는 디테일 사례 몇 가지를 더 말씀드려 보겠습니다. 첫 번째는 '두겁'입니다. 두겁은 건물 최상단의 파라펫(옥상에서 난간이 되는 낮은 벽 부분)이나 창호 하단에서 마감재로 덮는 부분(외부)을 말합니다. 이 두겁이 중요한 이유는 건물에서 물이 쉽게 침투할

롱샹성당의 배수관. 조형적인 형태가 인상적이다.

건축물 상단의 두겁. 사진의 건물은 돌로 처리했다.

수 있는 부분이기 때문입니다. 마감재와 콘크리트 골조가 맞닿는 부분이라 여기서 물이 새면 실내로 물이 새어 들어올 우려가 있습니다. 그래서 돌이나 금속재, 벽돌처럼 기본적으로 단단한 재료로 마감 처리합니다. 이때 가장 흔하게 사용되는 것은 '물갈기'라고 불리는 광택이 있는 돌 재료입니다. 아마 건축에 대해서 잘 모르시는 분들은 이러한 설명을 듣고서 '건물에 그런 부분이 있었어?'라고 생각할지도 모르겠습니다.

이러한 두겁의 재료나 공법을 두고서도 건축가들은 여러 가지 고민을 한 후 결정합니다. 요즘은 금속으로 만든 '후레싱' 처리를 선호합니다. 금속으로 처리하면 훨씬 얇고 날렵하게 처리할 수 있기 때문입니다. 하지만 얇게 처리하려고 하면 할수록 물에는 취약합니다. 또 금속판 길이가 한계가 있기 때문에 긴 지붕의 경우에는 보통 몇 개씩 이어 붙이기를 하기도 합니다. 이때 연결부위에서 흔히 '코킹'이라고 실리콘 처리가 필요한데, 이 코킹은 한계 수명이 있어 몇 년이 지나면 보수를 해줘야 합니다. 결론적으로 금속 후레싱은 돌로 만든 두겁보다 여러 가지 측면에서 내구성이 떨어지는 것이 사실입니다. 여기서 건축가들의 딜레마가 생깁니다. 누

수 등에는 다소 취약하지만 예쁘고 세련된 금속 후레싱으로 할 것이냐, 내구성이 뛰어나지만 투박한 돌 두겁으로 할 것이냐? 이러한 딜레마 속에서 건축가들은 고민하고 선택합니다. 아주 작은 디테일일수 있지만 건물의 전체적인 디자인과 얼마나 잘 어울리는지, 시공비는 적당한지, 추후 관리는 수월한지 등을 고려해서 결정합니다.

건축가의 디테일 사례 하나만 더 말씀드리겠습니다. 물받이 거터와 선홈통입니다. '물받이 거터'라는 것은 경사지붕 끝에 길게 달린 ㄷ자 모양의 철물을 말합니다. 지붕에서 내려오는 물을 모아서 '선홈통'으로 유도하는 역할을 합니다. 선홈통은 거터에 모인 빗물을 지상까지 내려보내는 일종의 파이프입니다. 금속이나 플라스틱PVC으로 제작합니다. 이 거터가 없으면 경사지붕의 물이 그대로 지상으로 떨어져 보행자들에게 피해를 줄 수도 있고 지상에서의 물 처리가 어려워지는 문제가 발생하기도 합니다. 또한 지붕에서 흘러내린 빗물이 벽을 타고 흐를 수 있어 건물 오염의 원인이 되기도 합니다.

세련된 디자인을 원하는 건축가들은 거터나 선홈통이 외

지붕 끝에 설치된 물받이 거터와 선흠통

히든거터로 시공된 지붕. 사람 눈 레벨에서 볼 때 마치 물받이(거터)가 없는
것처럼 보인다.

부로 드러나는 것을 싫어합니다. 깔끔하게 떨어지는 외관을 중요하게 보기 때문입니다. 그래서 거터를 지붕선 안에 숨기는 '히든거터'로 시공하거나 아예 물받이 거터를 생략하기도 합니다. 선홈통 같은 경우에도 외부에서 보이지 않게 건물 외벽 마감 안에 묻어버리는 공법을 사용합니다. 하지만 현장에서 작업하는 시공사 분들은 이런 공법을 선호하지 않습니다. 히든거터로 시공할 경우 실내로 물이 샐 위험이 있고 유지보수가 힘들기 때문입니다. 선홈통을 벽체 마감 속에 묻어버리는 경우도 마찬가지입니다. 만약에 보수가 필요할 경우 기껏 붙여 놓은 마감을 뜯어내야 하는 문제도 발생합니다. 이처럼 세련되고 아름다운 디자인이냐, 유지관리나 시공의 편의성이냐 하는 딜레마는 거의 모든 디테일에서 건축가들이 마주치게 되는 문제입니다.

두겁과 거터, 선홈통 등은 신경 써서 보지 않으면 잘 보이지 않지만, 유심히 살펴보면 대부분의 건물에 달려있는 것을 볼 수 있습니다. 건물에는 이외에도 우리가 잘 모르는 디테일이 굉장히 많이 숨어있습니다. 서로 다른 재료가 맞닿는 부분, 사람의 손길이 직접 닿는 부분에서의 디테일은 건축가로서 힘들면서도 재미를 느끼는 부분입니다. 마치 정교한 프라모델을 직접 디자인하고 만들어가는 것과 비슷합니다. 독자 여러분도 건물을 볼 때 이 같은 디테일을 잘 관찰하고 눈여겨본다면 건축물을 보는 재미가 한껏 더 살아날 것입니다.

보이는 건물들은
모두 훌륭한 교재

우리 주변에는 수많은 건물이 있습니다. 버스를 타고 차창 밖만 쳐다봐도 볼 수 있습니다. 보통 사람들에게는 네모 모양의 다 비슷한 건물이지만 건축가에게는 매 건물이 다르고 참고할만한 사례이자 학습 대상입니다. 아주 오래된 옛날 건물에서부터 최근에 지어진 건물까지, 소위 '집 장사' 건물이라 불리는 싸구려 건물도 있고 유명 건축가가 디자인한 비싼 건물도 있습니다. 모두 각각의 건축적인 의미가 있기 때문에 건축가에게는 전부 눈여겨 볼만한 건물입니다. 그중에서도 좀 더 비용을 쓰고 디자인에 신경 쓴 건물을 더 유심히

필자가 촬영한 도심지 옛날 건물. 벽돌로 마감했다.

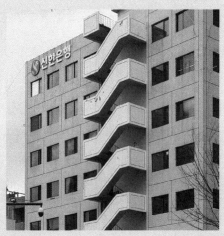

박스형의 심심한 건물에서 계단은 훌륭한 조형적 요소가 된다.

보긴 합니다만, 다소 후진(?) 건물에도 흥미를 끌 만한 요소가 있다면 충분히 챙겨볼 필요가 있습니다.

70~80년대에 지어진 옛날 건물에는 나름대로 정취가 있습니다. 상가나 목욕탕 같은 곳을 보면 벽돌이나 타일로 정성스럽게 마감한 건물들이 많습니다. 창호 주변이나 층간 경계 부분에 마치 가구처럼 화려한 장식을 한 건물도 있습니다. 당시에는 지금보다 인건비가 훨씬 저렴했고, 작업하시는 분들이 요즘과 달리 좀 더 장인 정신을 가지고 일했기 때문에 그런 시공이 가능했습니다. 모던하고 심플한 디자인을 선호하는 현재의 트렌드와는 많이 다르다고 할 수 있습니다만, 지금은 간간이 복고 스타일을 선호하는 건축가나 건축주들이 과거 느낌을 살리고자 이런 시공을 하기도 합니다. 도심지 한구석에 남아있는 옛 건물들은 사진 한 장을 찍게 하는 매력을 갖고 있습니다.

비용 절감을 위해 값싸게 만든 집이라고 해서 볼만한 것이 없는 것은 아닙니다. 이런 집을 관찰할 때는 '타산지석'이라고 이런 걸 좀 더 개선했다면 좋았을 텐데, 하고 이런저런 생각을 하게 합니다. 예전에 다니던 대형 설계사무소에는 가끔 쉬면서 커피 한잔하던 벤치가 있었는데, 그곳에 앉아 정면을 바라보게 되면 어디서나 볼 법한 석재로 마감된 건물이 하나 있었습니다. 그곳에서 고참 선배들과 건물을 안주 삼아 떠들곤 했습니다. 저것만 고쳤다면 훨씬 나았을 텐데, 저것만 좀 개선했어도 훨씬 나았을 텐데, 하는 식의 대화였습니다. 창문 위에 어울리지 않는 마름모 장식, 층마다 허리띠를 돌린 듯한 석재 마감, 번쩍거리는 스테인리스 계단 난간 등 이런 것들이 우리들 입방아에 오르내렸습니다.

어떤 건축가들은 카페나 건물 로비, 호텔 같은 곳을 들르면 작은 스케치북을 꺼내서 평면도를 그려본다고 합니다. 아주 짧은 시간이라도 그 공간을 파악하고 스케치해 봄으로써 설계 의도를 분석해보고 기록하기 위함입니다. 저도 들르는 건물마다 스케치를 일일이 해보는 정도까지는 아니지만 설계자의 의도를 파악해보려는 노력은 꽤 하는 편입니다. 이를테면 계단으로 가는 동선은 왜 이렇게 처리했을까, 화장실은 왜 여기 설치했을까 하는 식으로 생각해보는 것이죠. 이런 생각들을 해보는 과정 자체가 꽤 많은 공부가 됩니다.

그리고 특별히 좋은 건물을 방문할 때에는 사전에 충분히 정보를 모아 공부를 하고 갑니다. 제일 좋은 것은 평면을 한 번쯤 베껴보고 가는 것입니다. 이렇게 선행 학습이 되면 건물을 방문했을 때 '이 도면이 실제로는 이렇게 구현되는구나'라는 식의 통찰이 생기기 때문에 답사의 효과를 훨씬 더 높일 수 있습니다. 제가 참여하고 있는 건축 스터디 모임에서도 화성에 있는 남양성모성지 대성당, 서울 한남동의 리움미술관 등을 방문한 적이 있습니다. 방문 전에 인터넷으로 관련 자료들을 검색해보고 평면도도 살펴보고 따라 그려도 보았습니다.

마음먹고 건물 안까지 살펴보지 않는 이상 건물을 보면서 가장 빠르게 접하는 것은 외부 재료입니다. 석재가 어떤 식으로 골조에 붙었는지, 금속 패널(판넬)이 어떤 식으로 시공되었는지 유심히 살펴봅니다. 건축가라고 해도 체험할 수 있는 프로젝트의 숫자는 제한적입니다. 이 말은 모든 재료를 다 다뤄 보기는 힘들다는 것을 뜻합니다. 그런 의미에서 다른 프로젝트를 통한 간접적인 학습은 어찌 보면 필수적인 일이라 할 수 있습니다. 저도 그동안 벽돌로 된 건물들을 주로 다뤄 왔는데, 다른 재료에 대한 경험은 상대적으로 부족한 편입니다. 이를 보완하기 위해 주변의 건물들을 보면서 어떤 재료로 만들어졌는지 추측해보기도 하고, 기억해 두었다 사무실로 돌아와 인터넷으로 검색을 해보기도 합니다. 때로는 재료를 두들겨보면서 어떤 방식으로 시공했는지 짐작을 해보기도 합니다.

옥상이나 계단 부분의 난간만 해도 매우 다양한 재료와 시공법이 적용됩니다. 스테인리스로 된 난간도 있고, 철재 평철이나 환봉에 칠을 한 난간도 있습니다. 유리로 된 난간도 있고, 나무로 된 난간도 있습니다. 이런 재료들을 가로로 길게 걸 수도 있고, 세로로 촘촘하게 심을 수도 있습니다. 계단이나 바닥에 수직으로 꽂을 수도 있고, 측면에 달아맬 수도 있습니다. 이처럼 다양한 사례들을 인터넷으로 찾아볼 수도 있지만, 직접 시공된 모습을 살펴보는 것이 가장 큰 공부가 됩니다.

지금부터는 서울 시내를 다니시면서 쉽게 지나칠 수 있지만 놓치기 아까운 보석 같은 건물 몇 개를 소개하고자 합니다. 이 건물을 버스 차창 밖으로 보게 되면 마치 건축가가 된 것처럼 꼭 한번 유심히 관찰해 보기 바랍니다.

첫 번째 건물은 아라리오 뮤지엄 인 스페이스, 구 공간사옥입니다. 공간사옥은 건축학도나 건축가들에게 성지와 같은 곳입니다. 대한민국 건축의 2대 거장이라면 김수근 선생과 김중업 선생을 들 수 있는데, 한국 근대건축의 초석을 닦으신 분들입니다. 이분들은 수많은 대표작을 남겼지만, 그중에서 최고 걸작으로 치는 것은 김수근 선생님의 공간사옥 과 김중업 선생님의 프랑스 대사관입니다. 프랑스 대사관은 아무래도 관공서이며 업무시설이기 때문에 일반인이 자유롭게 접근하기 어렵지만 공간사옥의 경우에는 아라리오 뮤지엄(미술관)으로 바뀌면서 일반인의 접근이 쉬워졌습니다.

공간사옥은 고 김수근 선생의 설계사무소인 공간그룹이 쓰던 오피스 성격의 건물입니다. 얼마 전 공간그룹이 재정악화로 부도 위기에 몰리자 건물을 매각하려고 했습니다. 최고의 근대건축물이라고 불리는 공간 사옥이 철거될 위기에 처한 것인데요, 많은 건축가와 건축학도들이 이 문제를 걱정할 때 아라리오 미술관 대표가 나서서 공간사옥을 인수하고 그 구조를 그대로 살려 미술관으로 활용하겠다고 발표했습니다. 덕분에 공간 사옥은 심한 훼손 없이 현재까지도 미술

아라리오 뮤지엄 인 스페이스(구 공간사옥). 거장 김수근의 대표작이자 한국 건축
의 성지라고 할 수 있다.

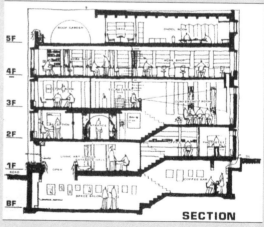

공간 사옥의 스킵 플로어 공간이 잘 표현된 단면도.

관과 부속된 카페 등으로 잘 활용되고 있습니다.

공간사옥은 한국 전통건축의 인간적인 스케일과 공간감을 가장 잘 살렸다는 평가를 받는 건물입니다. 스킵플로어(1개층을 2개 단으로 하여 연결하는 설계 기법)를 적극 활용하여 건물이 굉장히 여러 층으로 구성되어 있다는 느낌을 주며, 방과 계단 등으로 공간이 자잘하게 쪼개져 있어 방문자에게 마치 미로 속에 있다는 느낌을 줍니다. 아라리오 뮤지엄은 이러한 공간 사옥의 공간 구성을 잘 활용한 전시 기획을 하고 있습니다. 서울의 안국역 부근에 있으니, 미술에 관심이 있는 분들은 한 번쯤 가보면 좋을 것 같습니다.

복잡한 서울 종로구를 지나다 보면 고고한 아름다움을 자랑하는 빌딩 한 채가 있습니다. 김종성 건축가가 설계한 SK 서린빌딩입니다. 얼핏 주변 건물과 그다지 큰 차이가 없어 보이는 그렇고 그런 네모난 건물이라고 생각할 수도 있습니다. 하지만 창호 주변의 섬세한 철골 디테일을 보면 범상치 않은 기운을 느낄 수 있습니다. 근대 건축의 3대 거장 중 하나로 손꼽히는 미스 반 데 로에Mies van der Rohe에게 직접 사사한 것으로 유명한 김종성 건축가가 미스의 엄정하고도 절제된 건축 언어를 전수받아 구현해낸 건물입니다. 서린빌딩은 서울 광화문 시가지 한복판에 있어 일반인들도 쉽게 찾아볼 수 있는 건물입니다. 시간이 되신다면 한 번쯤 찾아보면 좋을 것 같습니다.

세 번째 건물은 서소문성지 역사박물관입니다. 서울역 부근에 있는 건물로 예전에 천주교 신자들이 박해를 받았던 서소문 성지를 기념하기 위해 만들었습니다. 윤승현 건축가와 다른 설계사무소들이 협업해서 설계한 건물입니다. 거의 모든 시설이 지하에 묻혀 있기 때문에 지상에서 볼 때는 마치 평평한 공원처럼 보입니다. 지하로 내려가는 출입구를 따라가면 빨간 벽돌로 구성된 입면을 만날 수 있습니다. 천주교 성지라는 특성에 맞춰 모든 공간이 차분하게 구성되어 있고, 건물 곳곳의 디테일 수준이 높아 누구나 '좋은 건축물이란 게 이런 거구나'라고 느낄 수 있습니다. 내부 공간도 긴 동선을 따라 구성되어 있어 마치 산책하는 기분으로 구경할 수 있습니다. 차분하게 묵상할 수 있는 공간도 많아 천주교 신자분들이 방문한다면 손쉽게 '영적인 공간'을 체험할 수 있습니다.

종로구 서린빌딩. 김종성 건축가의 대표작.

서소문성지 역사박물관. 건물 대부분이 지하에
묻혀 있는 구성이 특징이다.

독자 여러분이 쉽게 가볼 수 있는 서울 시내 건물 세 곳을 소개해 드렸습니다. 갈 때마다 새로운 점을 느끼고 '더욱 열심히 해야겠구나'라고 생각을 하게 해주는 훌륭한 건물들입니다. 저에게는 이런 건물들이 일종의 롤모델로 따라 하고 싶은 것들입니다.

일상 속 어디에서나 눈에 띄는 건물을 관찰하고, 나아가 롤모델이 될 만한 건물도 관찰하는 등 이 두 가지를 통해 저의 설계 실력을 키우기 위한 노력을 놓지 않으려 합니다.

모든 사물은
재료의 합

몇 개 안 되는 글이지만 앞의 글들을 통해 건축이라는 분야를 조금은 소개해 드린 것 같습니다. 어느 분야든 비슷하겠지만 밖에서 보는 것과 안에서 보는 것에는 많은 차이가 있습니다. 건축도 우리가 생각하는 것 이상으로 복잡한 과정과 수많은 의사 결정을 통해 진행됩니다. 이번 글에서는 건축의 또 다른 세계인 재료에 대해 얘기해보고자 합니다.

세상의 모든 사물은 재료와 재료의 결합입니다. 연필은 한가운데 흑연으로 이루어진 심과 그것을 감싸는 나무로 만들어져 있고, 책은 인쇄된 종이 뭉치를 일정한 모양으로 자른 다음 이를 본드 혹은 실로 제본하여 만듭니다. 선풍기는 플라스틱과 모터 등으로 이루어져 있고 가구는 MDF 등의 목재와 경첩 등의 철물로 이루어져 있습니다. 건축물도 마찬가지입니다. 기본적으로 콘크리트로 이루어진 골재에 스티로폼 등의 단열재가 붙고, 그 위에 벽돌이나 석재 등으로 마감합니다. 내장의 경우엔 석고보드를 붙이거나 시멘트 모르타르로 미장을 하고, 그 위에 페인트 도장이나 벽지 등으로 마감합니다. 이 밖에도 기와나 금속 강판 등의 지붕재, 난간이나 창호 후레싱 등에 쓰이는 금속재, 데크나 외장재 등에 쓰이는 목재, 세면기나 양변기의 도기 등 건물 하나를 짓기 위해서는 수많은 재료가 필요합니다.

건축가는 이러한 재료들의 성질과 물성을 정확히 파악하고, 적재적소에 정확한 공법으로 이를 적용하는 것이 능력이자 의무입니다. 예를 들어 콘크리트를 살펴보겠습니다. 콘크리트는 건물의 기본 뼈대를 이루는 재료로 가장 중요한 부분입니다. 20세기 초에 발명된 콘크리트는 반액체 상태의 레미콘을 유로폼(나무와 철재 등으로 만든 넓은 판 모양의 틀)과 합판 등으로 만들어진 거푸집에 부어 양생시키는 과정을 거쳐 만듭니다. 형틀을 어떻게 만드느냐에 따라 자유롭게 형상을 만들 수 있는 자유도가 매력적인 재료입니다. 현대 건축에서는 없어서는 안 되는 필수적인 재료라 할 수 있습니다. 이 콘크리트는 위아래에서 누르는 압축력에는 강한데, 좌우로 늘리는 인장력에는 약하다는 특성이 있습니다. 다시 말해 기둥 재료로는 적합한데, 슬라브(건물의 각 층을 만드는 판 모양의 부재)를 받치는 보로는 부적합합니다. 그래서 이를 보완하기 위해 콘크리트 중간마다 철근을 심습니다. 공사 현장에서 자주 보셨을 겁니다. 이 철근이 인장에 강한 성질을 가지고 있기 때문에 콘크리트와 상호 보완해서 건물 전체의 하중을 효과적으로 견디게 합니다.

그런데 어떻게 서로 다른 재료가 한데 엉켜서 잘 유지될 수 있을까요? 여름이 오고 겨울이 오면 온도 차에 의한 수축 팽창이 일어날 텐데 두 재료 사이에서 균열이 생기지 않을까요? 두 재료의 열팽창 계수에 또 다른 비밀이 숨어 있습니다. 사실 두 재료의 열팽창 계수는 거의 같습니다. 이걸 두고 어떤 사람들은 '찰떡궁합' 또는 '신이 내린 선물'이라고 까지도 표현합니다. 또한 알칼리 성질을 가진 콘크리트 안에 철근이 묻혀 있으면 녹이 거의 슬지 않는다는 장점도 있습니다. 이렇게 철과 콘크리트는 서로 보완하며 훌륭한 건축재료로 광범위하게 활용되고 있습니다.

다음으로 최근 외장재로 인기를 끌고 있는 벽돌을 살펴보겠습니다. 벽돌은 하나하나의 조각들을 레고 블럭처럼 정성스럽게 쌓아가는 것이 매력적인 재료입니다. 기본적으로는 회반죽(모르타르)이라고 부르는 시멘트 풀로 이어 붙이는 것이기 때문에 결속력이 그다지 좋다고는 볼 수 없습니다. 위에서 누르는 압축력에는 잘 저항하는 편이지만, 좌우로 흔드는 횡력에는 굉장히 약합니다. 그래서 2017년 포항에서 지진이 났을 때 벽돌로 만들어진 건물은 다른 건물에 비해 피해 사례가 많았습니다. 최근에는 벽돌이 하중을 지지하는 구조체로의 역할보다 건물 외부를 마감하는 치장재로 성격이 변하고 있습니다. 철근 콘크리트의 가격이 상대적으로 저렴해지고 벽돌을 쌓는 인건비가 상승했기 때문에 빚어진 현상입니다. 또한 벽돌은 횡으로 흔드는 힘에 굉장히 약하기 때문에 옆으로 넘어지는 현상을 방지하기 위한 부속 자재도 추가로 필요로 합니다. C형 철물 혹은 L형 철물, 철선 등이 동원

됩니다. 이를 이용해 벽돌과 콘크리트 골조를 단단하게 결속하면 벽돌이 이탈되는 것을 방지할 수 있습니다.

그리고 예전과는 다르게 건물 위쪽이 아래쪽보다 튀어 나온 켄틸레버형(외팔보) 건물들이 많이 등장하고 있습니다. 건축가들도 건물의 메스감과 긴장감을 부각하기 위해 이 방식을 자주 사용합니다. 만약 이런 건물에 벽돌 외장재를 적용하려면 L자형의 앵글이라고 불리는 자재가 추가로 필요합니다. 지면까지 벽돌의 하중을 온전하게 전달하는 일반적인 건물이라면 필요가 없겠지만, 벽돌이 공중에 붕 떠버리는 경우에는 콘크리트 골조에 연결해 받쳐줄 자재가 없어서는 안 됩니다. 그래서 2층 이상의 건물일 경우 매 층 앵글을 거는 것이 기본적인 시공 방법입니다.

재료의 성질을 이성적인 측면에서 잘 파악하는 지식도 중요하지만, 감성적인 측면에서 잘 다루는 감각도 중요합니다. 즉, 노출콘크리트의 거친 느낌과 벽돌의 따뜻한 느낌을 적절히 섞어 조화롭게 보이게 만들거나, 금속 난간의 차가운 느낌을 중화시키기 위해 손이 닿는 손스침 부분만 목재로 처리하는 기법 등도 이런 재료의 감성을 이용하는 방법입니다.

사람마다 선호하는 재료가 다르고, 느끼는 감각이 다르지만 대체로 재료에서 느끼는 공통적인 감성이 있습니다. 그래서 이를 잘 파악하고 건물에서 효과적으로 풀어내는 감각이 건축가에게도 중요합니다. 물론 건축가의 독창적인 해석도 필요합니다. 최근에 가수 비(정지훈)가 지은 건물을 보았는데요. 검은색의 와이어 철선을 죽 매달아서 마치 비가 오는 듯한 느낌을 만들어 낸 건물이었습니다. 재료의 성질을 잘 활용해서 건축주의 요구사항을 효과적으로 해결한 사례가 아닐까 싶습니다.

여러 사례를 보면 이런 것도 건축에 쓰이는 건가 싶을 정도로 의외의 재료들이 쓰이는 예도 있습니다. 폴리카보네이트 수지 같은 것이 그런 예입니다. 플라스틱 계열의 재료로 주로 안경이나 선글라스 렌즈, 오토바이 헬멧, 제품 케이스 등에 쓰이던 재료입니다. 건축에서는 그동안 계단실 지붕이나 출입구 캐노피 등으로 활용되었는데, 이 재료를 가지고서 유리 대신에 건물을 뒤덮은 사례가 있습니다. 바로 최욱 건축가의 현대카드 쿠킹 라이브러리입니다. 서울 강남의 도산 공원 근처에서 볼 수 있습니다.

가수 비(정지훈)가 지은 건축물 '레인 에비뉴'. 계단 주변에 설치한 와이어 철선이 '비'를 상징하는 듯하다.

최욱 건축가의 현대카드 쿠킹 라이브러리. 외장 재료로 폴리카보네이트를 사용했다.

내장에서도 특이한 재료를 쓰는 경우가 있는데, 패브릭 같은 섬유나 가죽을 벽지로 사용하는 걸 본 적이 있습니다. 옷에 쓰일 법한 재료지만 좀 더 특이한 재료를 찾는 건축주들의 니즈를 충족시키기 위해 이런 내장재가 등장했다고 볼 수 있습니다. 하이엔드 급의 고급 주거 건물에서는 이런 내장재들이 인기가 높은 편입니다.

간단하게나마 건축에 적용되는 여러 가지 재료들에 대해 살펴보았습니다. 재료에 대해서는 평소에 관심을 두고 공부하는 것이 중요합니다. 건축주들의 다양한 욕구를 충족시키기 위해서 항상 새로운 제품, 새로운 공법들이 쏟아져 나오기 때문에 건축 박람회 등을 통해서 그러한 정보를 수시로 접하고, 소위 '안테나'를 세워 두는 것이 좋습니다. 그리고 건물뿐만 아니라 일상생활에서 접하는 많은 재료를 자세히 살피고 그것을 내 설계에 어떻게 적용할지 생각해보는 것도 중요합니다. 때로는 단독으로 때로는 두 가지 이상의 재료를 믹스해서 다루는 일은 건물의 공간과 형태를 다루는 디자인 능력과 각종 법규를 정확히 파악하고 적용하는 능력과 함께 건축가에게 꼭 필요한 중요 능력 중 하나입니다.

이 글을 읽고 여러분 일 속에서도 건축에서의 재료처럼 '기본'에 해당하는 것들을 꼽아보고, 나는 그 속성들을 얼마나 정확히 이해하고 있는지 그리고 응용할 수 있는지 생각해 보는 계기가 되었으면 좋겠습니다.

내 건축에 영감을
주는 장소

여러분은 개인적으로 좋아하는 장소나 공간이 있나요? 아마 각자에게 추억이 담긴 공간 하나쯤은 있을 것 같습니다. 저도 몇 곳이 떠오릅니다.

가장 먼저 생각나는 곳은 잠실 롯데 월드 앞에 있는 트레비 분수입니다. 얼마 전에 개인적인 업무 때문에 그곳을 지나갈 일이 있었는데, 어렸을 때 이곳을 봤던 기억이 불현듯 떠올랐습니다. 아시다시피 이 분수는 로마에 있는 트레비 분수의 '짝퉁'입니다. 트레비 분수는 오드리 햅번 주연으로 유명한 영화 《로마의 휴일》에 등장해 유명해진 로마 관광지 중

하나입니다. 이 분수에는 동전을 던지면 행운과 함께 로마로 다시 돌아온다는 전설이 있습니다. 저도 이탈리아 여행을 갔을 때 아내와 함께 동전을 던졌던 기억이 납니다.

아무튼 롯데월드의 트레비 분수는 로마에 있는 원조 트레비 분수의 모조품입니다. 다소 우중충한 지하 공간에 있어서 날씨가 화창한 로마의 것과 직접 비교하는 것은 무리가 있지만 나름대로 정취는 있습니다. 무엇보다도 "이제 정말 모험과 신비가 가득한 나라로 떠나는구나!"라는 예고편 같다고나 할까요? 이 장소에 오면 가슴이 두근두근하는 설렘이 있습니다. 지금도 삼삼오오 모여 소풍의 설렘을 나누는 중고등학생들을 보면 예전의 제 모습이 떠올라 슬며시 웃음이 나오기도 합니다.

두 번째로 생각나는 곳은 제가 다닌 연세대학교 본관 앞 광장입니다. 연세대학교의 상징이라고 할 만한 건물이 본관인데, 연세대학교에 와 보신 분들이라면 한 번쯤 보셨을 겁니다. 일제 시대에 지어진 것으로 담쟁이덩굴을 덮어쓴 외관이 특히 운치가 있는 건물입니다. 이 건물 역시 저에게는 약간 특별한 추억이 있습니다. 저와 비슷한 연배의 분들은 아마 《남자 셋 여자 셋》이라는 시트콤 드라마를 기억하실 텐데요. 신동엽, 송승헌 등이 출연해서 당시 대학생들의 생활을 그려냈던 청춘 드라마입니다. 고등학교 때 시트콤을 보며 '대학 생활의 낭만이 저런 거구나' 하면서 동경을 하곤 했습니다. 이 드라마에 등장했던 건물이 바로 본관 건물입니다. 드라마의 장면이 전환될 때마다 본관 건물을 잠깐 비춰주곤 했는데, 그걸 볼 때마다 '저것이 바로 대학 캠퍼스의 멋짐이구나'라는 생각을 했습니다.

그리고 제가 대학 초년생 시절 대박 흥행한 영화 《엽기적인 그녀》에도 이 건물이 나옵니다. 주인공인 전지현과 차태현이 본관 건물 앞에서 유쾌한 데이트(?)를 즐기는데, 서로 신발을 바꿔 신는 에피소드가 나옵니다. 이런 미디어 영향 덕분인지 학교 다닐 때는 본관 앞을 지날 때마다 청춘 드라마의 주인공이 된 듯한 기분이 들기도 하고, '남은 대학 생활은 더 즐겁게 보내야겠다'는 다짐을 하기도 했습니다. 하나의 공간에 여러 가지 추억이 덧씌워지면서 특별한 공간으로 다시 기억되는 사례가 아닐까 싶습니다.

이렇게 공간은 추억의 매개체로 여러 사람의 기억 속에

남아 있습니다. 특정 장소에 가면 예전의 추억들이 떠오르면서 그때의 기분이 생생하게 떠오릅니다. 저에게 (짝퉁) 트레비 분수와 연세대 본관 앞 마당이 그랬듯 다른 분들에게도 자신의 추억이 깃든 마음속 안식처 같은 장소가 있습니다. 모든 건축가는 자신의 작품 속에서 이러한 장소가 탄생하길 바랍니다.

제가 다녔던 대학로 정림 건축 주변에 있던 샘터사옥(현 공공일호)의 1층 필로티 공간은 대학로에서 약속을 잡은 연인들이 설레는 마음으로 만남을 약속하고 데이트를 시작하는 장소입니다. 함께 볼 연극을 예매해놓고 여자 친구의 도착을 기다리는 남자와 조금 늦게 도착한 여자, 손을 꼭 붙잡고 어디론가 떠나는 모습. 아마 이곳에서는 이런 장면이 수없이 반복되었을 것입니다. 이 공간에서는 누구나 각자의 '인생 영화'를 찍고 있다고 해도 과언이 아닙니다. 이처럼 건물 설계를 통해 인생 영화의 배경을 만들 수 있다는 것은 건축가의 큰 즐거움이자 영광이 아닐 수 없습니다.

건축이라는 것은 오직 기능적으로만 존재하지 않습니다. 감성적으로도 좋은 공간을 만드는 것이 중요합니다. 그래서 나의 감성을 자극하는 공간을 찾아 그곳에서 영감을 받고 내 건축에 어떻게 적용할지 생각해봅니다. 샘터사옥 필로티 공간은 1~2층이 뚫린 개방감, 벽돌과 석재 바닥 패턴이 주는 따뜻하면서도 거친 느낌, 건물 전후면을 연결하는 입출구의 구성 등이 한데 어우러져 감성적인 분위기의 공간이 됩니다. 이론적으로는 이렇게 분석할 수 있지만 실제로 구현해 내는 것은 역시 건축가의 숙련된 솜씨와 감각이 있어야만 가능합니다.

건축가들은 회화나 조각 같은 예술작품에서도 많은 영향을 받습니다. 건축이라는 분야 안에서만 움직이는 게 아니라 타 영역과의 교류를 통해서도 자극을 받습니다. 그래서 저는 건축뿐만 아니라 다양한 분야의 전시회 등을 많이 다니고 있습니다. 저는 아내가 미술이나 패션 쪽에 관심이 많아 함께 다녔던 전시가 꽤 많았습니다. 최근에는 코로나 영향으로 전시회가 예전처럼 많지 않고, 한참 육아에 신경을 쓰다 보니 일부러 전시회를 찾아 많이 다니진 못하지만 확실히 무언가를 자주 보는 것은 다양한 자극을 얻고 감성을 키우기에 무척 좋은 일입니다.

개인적으로 최근 인상적으로 보았던 전시는 알베르토 자코메티Alberto Giacometti, 데이비드 호크니David Hockney, 장 폴 고티에Jean-Paul Gaultier, 폴 스미스Paul Smith등입니다. 자코메티의 조각에는 그만이 가지고 있는 특별한 아우라가 있습니다. 거칠게 표현된 막대기 같이 얄팍한 사람이 뚜벅뚜벅 걸어가는 모습에서 고행을 떠나는 구도자의 모습이 떠오릅니다. 그리고 자신만의 예술을 찾고자 하는 조각가의 모습도 볼 수 있습니다. 영역은 다르지만 건축가도 이와 비슷한 길을 걷고 있지 않나 싶습니다.

데이비드 호크니의 전시에서는 전 생애에 걸쳐 열정적으로 이루어 놓은 방대한 작품세계에 놀랐고, 정해진 스타일 없이 다양한 작품을 만들어내는 그의 유연성에 깊은 인상을 받았습니다. 대표작 중 하나인 〈더 큰 첨벙〉은 다소 성의 없어(?) 보이는 느낌은 있지만, 수영장의 선명한 파란색과 함께 미국 서부의 자유롭고 나른한 기분을 느낄 수 있어 좋았습니다.

패션 관련해서는 장 폴 고티에의 전시에서 전위적인 패션이라는 게 이런 것이구나, 패션에도 이런 분야가 있구나 하고 신선한 충격을 받았던 기억이 납니다. 폴 스미스의 전시에서는 밝은 색상과 패턴 등을 활용해 경쾌하면서도 재기 발랄한 특유의 분위기를 만들어내는 디자이너의 감각에 감탄했습니다. 이렇게 예술과 디자인 전반의 여러 분야를 접하면서 신선한 자극을 받는 것이 건축 일에도 좋은 영향을 주는 것 같습니다.

건축 분야에도 좋은 전시들이 많습니다. 먼저 몇 년《르 코르뷔지에: 4평의 기적》전시가 떠오릅니다. 스케치와 미술 작품, 사진, 모형 등 르 코르뷔제에 관한 방대한 자료들을 총 망라해서 일반인들도 쉽게 이해할 수 있도록 한 전시였습니다. 특히 안도 다다오 대학원 연구실에서 제작한 수십 개의 모형이 인상적이었는데, 그의 모든 주택 작품을 전부 다 구현한 정성과 정교함에 감탄했습니다. 거장의 힘과 숨결을 느낄 수 있어 좋았습니다.

《젊은 건축가 상》전시도 소개해 드리고 싶습니다. '젊은 건축가 상'은 국토부에서 매년 주목할 만한 젊은 건축가(만 45세 미만) 3팀 정도를 선정해 상을 주는 것인데, 수상을 한 사무실의 작품을 정리해서 별도의 전시회도 개최하고 있습니다. 건축설계를 하는 젊은 건축인들이라면 누구나 노리는 상입니다. 저는 아직 수상하지 못했지만 수상자 중에는 저와 비슷한 연배이거나 저보다 어린 후배 건축가들도 있습니다. 전시회에 다녀오면 그분들이 저보다 앞서 나가는 것 같아 부럽기도 하고, '나도 꼭 받아야겠다'하는 각오를 다지기도 합니다. 이들의 작품을 보게 되면 아직 패기가 있기 때문인지 실험적인 시도도 많고, 디자인적인 고집도 느낄 수 있습니다. 매년 빼놓지 않고 관람하고 있습니다.

지금까지 제가 영감 받았던 장소와 공간, 예술 작품들, 전시회 등에 대해서 말씀드렸습니다. 당연한 얘기 같지만 새로운 자극을 줄 수 있는 곳을 계속 찾고 자주 방문하는 것은 무슨 일에서든 중요한 습관입니다. 그리고 직접적인 방문이 아니더라도 SNS나 유튜브 등에서 새로운 감각과 감성을 배울 수 있는 크리에이터들을 만나는 것도 중요합니다. 새로운 부딪힘에 주저하지 말아야 하는 것은 건축뿐만 아니라 모든 분야에 적용됩니다. 여러분 일에 영감을 줄 수 있는 물건이나 장소 등을 한 번 꼽아보고, 지속적인 영감 쌓기를 이어가면 좋겠습니다.

내 건축에 영감을
주는 사람

건축가들은 일종의 예술가 모드를 가지고 있습니다. 돈을 벌기 위해 건축을 한다기보다는 작품을 한다고 생각하는 분들도 많고, 면적을 꽉 차게 쓰는 경제적 논리보다 건물이 멋지게 잘 나오는 것에 의미와 가치를 두는 분들도 많습니다.

예술가라 하면 뭔가 외골수라는 인상이 강합니다. '세상이 나를 알아주든 말든, 나는 내 작품을 한다'같은 선입견이 있습니다. 마치 죽을 때까지 세상의 인정을 받지 못한 화가 빈센트 반 고흐Vincent van Gogh 같다고 해야 할까요? 그래서 예술가란 '배고픈 직업'이라는 인상이 강하게 남아있습니다. 하지만 최근의 예술가들은 전혀 다른 행보를 보입니다. 주변과의 소통을 중시하고 그림 그리는 과정을 동영상으로 찍어 유튜브에 올린다든지 노래하고 춤을 추고 악기 연주를 하는 동영상을 대중들에게 공개하기도 합니다. 인기 곡의 커버로 유명해진 제이플라, 그림 유튜버로 유명한 이연 등이 그러한 대표적인 예술가입니다. 이들은 인스타그램 같은 SNS 채널도 적극 활용합니다.

묵묵히 내 일만 한다거나 대중들 앞에는 나서지 않는다는 식의 사고는 이제 구시대적인 것이 되었고, 누가 알아주지 않더라도 스스로 세상에서 나와 자신을 홍보하고 알려야 하는 시대입니다. 이제는 누구도 이를 부정하지 못하고 거스를 수도 없다고 생각합니다.

약간 뒤늦은 감은 있지만 건축가들도 다른 예술가들처럼 세상과 소통하려는 시도를 많이 하고 있습니다. 인스타그램으로 건물이 만들어지는 공사 현장이나 모형 사진, 완공된 사진을 올리는 분도 있고 드물지만 유튜브를 하는 분도 있습니다. 그리고 건축가들이 모여 대담을 진행한 콘텐츠를 유튜브에 올리는 경우도 있습니다.

《건축탐구 집》《구해줘 홈즈》 등의 프로그램을 통해서도 건축이 대중적으로 많이 알려졌습니다. 홍익대학교 유현준 교수님 같은 경우에는 거의 방송인이라고 할 만큼 유명인이 되었습니다. 이러한 적극적인 소통이 건축가를 대중들에게 알리는 계기가 되지 않았나 싶습니다. 저도 대중과 적극 소통해야 할 필요성을 느끼고 블로그로 다양한 글과 그림, 사진 등을 올리고 SNS로도 제가 인상적으로 본 도시 풍경이나 핫 플레이스 사진 등을 올리고 있습니다.

저는 온라인 활동 외에도 많은 분들을 만나고 그들로부터 얻는 영감을 소중하게 생각하고 있습니다. 사무실을 열기 전에는 저보다 앞서 개업한 선배 소장님들을 만나 사무실 운영에 대한 조언도 듣고 여러 궁금한 점들을 여쭤보기도 했습니다. 아무래도 혼자서 사무실을 시작하다 보니 불안한 마음이 있을 수밖에 없는데, 선배들에게 고민을 털어놓고 조언을 듣다 보니 마음의 짐이 조금은 덜어지는 것 같았습니다.

선배뿐만 아니라 동료나 후배들과의 소통도 중요하게 생각하고 이들과의 만남을 통해서도 좋은 자극을 많이 얻고 있습니다. 그중에는 이른 나이에 자기 건축을 대중들로부터 인정받은 젊은 건축가들이 있습니다. 사실 얼마 전 까지만 해도 유학과 실무 등을 거쳐 40대 초반이 되어서야 자기 설계로 건축가로 데뷔하는 경우가 많았는데, 최근에는 학교 졸업 후 4~5년 정도의 실무 경험만 마치고서도 바로 사무실을 열고 자기 설계를 시작하는 분들이 많아졌습니다. 소위 '젊은 건축가'라는 그룹입니다. 이들은 소위 '집 장사'라고 불리는 건축 업자들이 주도하던 다가구나 다세대 등의 빌라 건물에까지도 설계 디자인 영역을 넓혀 활동하고 있습니다. 그러면서 각종 건축상(앞서 소개한 '젊은 건축가 상'같은)을 휩쓸면서 주목을 받고 있습니다. 저는 큰 회사에 다니는 동안 저의 개성이나 철학이 온전히 묻어나는 디자인을 했다고 말하기에는 많이 부족합니다. 아무래도 큰 회사 특성상 개인의 개성을 드러내는 설계를 하기에는 힘들었기 때문입니다. 그런데 어느 순간부터 "나도 젊은 건축가들처럼 내 것을 하고 싶다"는 목마름을 앓기 시작했습니다. 이들의 자극은 결국 이직과 개업을 결심하는 계기가 되었습니다.

이중 저에게 많은 영감을 준 한 팀을 소개하고 싶습니다. 요즘 제가 가장 주목하는 젊은 건축가 그룹입니다. '푸하하

하 프렌즈'라는 팀으로 젊은 건축가 3명이 주축으로 이들은 30대 초반부터 공격적으로(무모하다고도 볼 수도 있겠습니다만) 작업을 이어왔고, 현재는 전국의 건축학과 학생들이 가장 가고 싶어하는 설계 사무실이 되었습니다. 인테리어 작업을 기반으로 시작했는데, 특유의 날카롭고 세련된 감각이 돋보이는 프로젝트가 많습니다. 지금도 틈틈이 이들의 홈페이지를 들여다보며 자극을 받고 있습니다.

그 외에도 많은 분이 저에게 자극과 영감을 주고 있습니다. 2년 정도 전에 스튜디오를 운영하는 사진작가 분의 건물을 작업할 기회가 생겼는데, 제 블로그의 스케치를 보고 찾아오신 분이었습니다. 사진작가라고 해서 자유로운 예술가일 줄 알았는데 인테리어도 직접 하고, 사진 스튜디오 운영과 함께 카페의 바리스타도 겸하기 위해 커피 공부도 하는 등 열정과 에너지가 넘치는 분이었습니다. 이 분의 감각과 니즈를 충족시키기 위해 정말 많은 스터디를 했고, 결과적으로 제 디자인을 좋아하고 인정도 해주셨습니다. 이 분은 먼저 창업한 선배라는 관점에서 사업가로서 가져야 할 자세나 태도 등에 대해서도 많은 조언을 주셨습니다. 이제는 서로의 인생관 같은 진지한 대화도 함께 나누는 사이가 되었습니다. 제가 이분과 작업했던 성수동 건물은 이제 거의 완성이 되어 가고 있습니다. 성수동을 상징하는 새로운 명소가 될 것으로 확신합니다. (전철 2호선 뚝섬역을 지나가다 보면 지하철 창 밖으로 보이는, 아치형 창으로 구성된 7층짜리 건물입니다.)

글쓰기 모임을 통해 알게 된 건축 시행사 대표님도 저에게 좋은 에너지를 주는 분입니다. 제가 블로그에 썼던 건축 소설에 댓글을 남긴 것이 인연이 되어 만나게 된 분입니다. 나중에는 건축 세미나 모임으로까지 인연이 이어졌고, 제가 건축 사무실을 오픈한 이후에는 작은 프로젝트도 같이 진행했습니다. 건축가를 대하는 진솔한 태도가 인상적인 분으로 이분과 함께하는 세미나를 위해 건축 공부를 기본부터 다시 하기도 하고 좋은 건축물들을 탐방하면서 내가 앞으로 해야 하는 건축에 대해서도 많이 생각하게 되었습니다.

건축 관련 유튜브 채널을 운영하시는 젊은 대표님도 기억에 남습니다. 건축과 관련한 소설책을 냈다는 제 얘기를 블로그에서 보고 유튜브 출연을 제의한 분입니다. 유쾌하게 촬영을 마칠 수 있었고 유튜브라는 매체가 이런 것이구나 하고 어렴풋하게나마 이해를 하게 되었습니다. 그분은 유튜브뿐만 아니라 건축 관련 VR 제작, 소프트웨어 교육 프로그램 개발, 무인 카페 등 여러 가지 사업을 동시에 하는 'N잡러'이기도 했습니다. 열심히 사는 모습에서 큰 자극을 받았습니다. 이 분 덕에 저도 제 채널을 만들고 건축 강연 동영상을 올리는 것을 해보게 되었습니다.

마지막으로 제게 영감을 주는 사람으로 학교에서 가르치고 있는 학생들을 언급하고 싶습니다. 대학원 연구실 선배의 소개로 2021년부터 호서대학교 건축학과 학생들의 설계 스튜디오를 지도하게 되었습니다. 학생들의 실력은 전반적으로 아직 미숙하지만 설계에 대한 열정과 신선한 아이디어는 오히려 제가 배운다는 생각을 할 때가 많습니다. 학생들의 아이디어들을 어떤 방향으로 발전시킬지 함께 고민하면서 제 작업으로도 영감을 얻고 있습니다.

미국의 건축 거장 루이스 칸Louis Kahn도 말년까지 학생들을 가르쳤다고 합니다. 아마 저처럼 지도하는 과정에서 학생들 아이디어를 보고 역으로 영감을 많이 얻었을 것으로 생각됩니다. 학생들을 가르치는 것이 어려운 점도 있지만 분명 즐

겁고 보람 있는 일이라는 생각을 합니다.

어떤 사람을 제대로 알려면 주변 사람을 보면 된다는 말이 있습니다. 그만큼 누구나 주변 사람들로부터 영향을 받는다는 뜻이겠죠. 친구를 잘 사귀어야 한다는 것도 그런 맥락일 거고요. 현재의 내 모습은 가장 친한 사람 5명의 평균치라는 말도 있습니다. 그래서 저도 최대한 긍정적이고 진취적인 에너지를 지닌 사람, 서로 시너지를 일으킬 수 있는 사람들과 만나고 교류하려 합니다. 만날 때마다 불평하는 사람, 다른 사람을 헐뜯는 사람 등은 되도록 피하려 합니다. 그래서 새로운 사람을 만날 때는 최대한 신중을 기해서 인간관계를 가지려 합니다.

지금까지 저에게 자극과 영감 나아가 에너지를 주는 분들을 소개해 보았습니다. 각자의 자리에서 자기 분야를 개척하는 분들을 만나고 소통하다 보면 그분들의 에너지가 제게로 옮겨지는 것 같기도 하고, 또 다르게는 '나도 잘할 수 있다' '나도 질 수 없다' 같은 오기 같은 것이 생기기도 합니다. 앞으로도 좋은 분들과 만남과 교류를 계속 이어가면서 성장하고 싶습니다.

나 자신이
곤 회사

최근에 저는 독립해서 제 사무실을 차렸습니다. 이 책을 쓰기 시작할 때만 해도 다른 사무실 소속이었다가 이제는 어엿한 건축설계 회사의 대표가 되었습니다. 아직은 직원 없는 1인 회사이긴 하지만요.

혼자 운영하는 사무실이다 보니 모든 것을 혼자 해야 합니다. 대형 회사에서 일하다 작은 회사로 옮길 때도 느낀 것이지만 회사는 참으로 많은 것을 제공해주고 있습니다. 청소부터 커피, 물, 복사용지, 펜 등등. 그런데 직접 사무실을 운영하고서부터는 이 모든 것을 스스로 해결해야 합니다. 청소도 직접 해야 하고, 커피랑 물도 직접 사다 놓아야 하고, 복사 용지도 떨어지면 그때그때 다시 사다 놔야 합니다. 이런 자 잘한 일은 다소 귀찮은 일이지만 언제든 할 수 있는 일입니다. 근데 이보다 더 중요하고 진짜 힘든 일이 있습니다. 그것은 바로 설계 의뢰를 받는 '수주'를 하는 것입니다. 월급을 받는 월급쟁이 입장에서는 일하든 말든 월급은 나오니까 일이 없으면 놀면 그만이지만(물론 이것 또한 굉장히 답답한 상황이긴 합니다) 사업체를 운영하는 '사장님' 입장에서는 그렇지가 않습니다. 일이 없다는 건 곧 수입도 없다는 것을 뜻하고 상황이 계속 나아지지 않으면 사업을 접어야 한다는 것을 뜻합니다. 그러니 어떻게든 일감을 찾아야 합니다. 그래서 아는 사람을 찾아가 보기도 하고, SNS와 블로그에 제 소개 글이나 건축에 대한 이야기도 올리면서 제 나름대로 영업 활동을 이어가고 있습니다.

지금은 출퇴근 시간이 따로 없습니다. 직원이 생기게 되면 차츰 이러한 룰을 만들어가겠지만, 아직은 필요한 시간에 출근하고 일이 어느 정도 정리되면 퇴근하는 생활을 이어가고 있습니다. 제가 아직은 월급쟁이 마인드가 남아서 그런 건지, 혼자 일하는 것에 익숙하지 않아서 그런 건지 자신을 다잡고 집중력을 발휘해 일하는 게 어려울 때가 있습니다. 여러 사람이 함께 있고 정해진 룰이 있다면 눈치가 보여서라도 그것을 지켜 나갈 텐데, 아직은 혼자다 보니 아무래도 풀어지고 느슨해지는 경향이 있습니다. 그래서 저는 몇 가지 기준을 정해두고 이것을 지키는 것으로 자신에게 긴장감을 주고 있습니다.

가장 먼저는 새벽 기상입니다. 5시 즈음에 일어나서 잠깐의 홈 트레이닝을 하고, 샤워를 한 뒤에 플래너에 몇 가지 사항들을 정리하고 기록합니다. 그리고 개인적인 목표와 아침 일기를 적고, 제가 인상적으로 보았던 책의 내용 중 몇 문장을 필사합니다. 여기까지 약 40~50분 정도가 걸리는 것 같습니다. 그런 다음 블로그에 포스팅할 글을 써보거나 스케치를 합니다.

새벽 기상 패턴은 제가 다녔던 '자기혁명캠프'라는 강의에서 배운 것입니다. 강사님의 수업을 들으면서 매일 아침에 새벽 기상 인증을 하고 플래너 작성과 독서 등의 미션을 수행했습니다. 두 달 동안 열심히 했던 기억이 납니다.

대략 7시쯤 되면 아기가 일어나거나 아내도 출근 준비를 위해 일어납니다. 이때부터 집안일을 조금씩 도우면서 하루를 시작합니다. 아내가 아침 준비를 하고 출근을 하면 제가 아이의 아침밥을 챙깁니다. 현재는 친가에서 아이를 봐주시기 때문에 아침에 아버지나 어머니가 우리 집을 방문하시는데, 그때 이것저것 챙겨서 아이를 부모님 편에 보내고 저는 설거지 등 집안 정리를 하고 집을 나섭니다.

사무실로 가는 지하철에서도 몇 가지 루틴이 있습니다. 일단 인터넷 경제 신문을 세 페이지 정도 봅니다. 세상 돌아가는 상황을 파악하기 위한 최소한의 공부라고 생각하고 있습니다. 그다음에는 아침에 필사한 책 구절을 다시 인스타그램으로 포스팅합니다. 그리고 전날 찍어 둔 건물 사진 등을 이용해서 '건축일기'를 포스팅합니다. 그리고 남는 시간에는 책을 읽습니다. 사무실이 제법 멀어 출근 시간이 한 시간 넘게 걸리는데, 최대한 그 시간을 알차게 보내려고 합니다.

사무실에 도착하면 달력을 보면서 전체 일정을 확인하고 정리합니다. 무턱대고 일에 달려들기보다는 일정 속에서 움직이기 위해 루틴으로 정해 둔 행동입니다. 일정표는 크게 한 달을 표시한 달력 형태의 일정표가 있고, 하루의 일정(야근 포함 일과 시간 12시간)을 3시간 단위로 네 칸으로 구분해둔 일일 일정표가 있습니다. 오늘 할 일을 그곳에 정리하면서 우측 여백에다 주의 사항이나 체크 포인트 등을 메모합니다. 그런 다음 현장에 필요한 전화를 가장 먼저 합니다. 후에도 다시 설명하겠지만 '중요하지만 하기 어려운⑺' 일을 가장 먼저 해치우는 것이 저의 가장 큰 업무 원칙 중 하나입니다. 저에게는 전화가 가장 큰일이면서 동시에 가장 까다로운 일입니다. 통화를 마치고 나서는 메일 체크와 회신 등을 최대한 빠르게 끝내고, 도면 작성 등의 설계 업무에 들어가는 패턴으로 일을 합니다.

아침에 하는 계획은 사실상 목표 설정과 비슷합니다. '오늘 이 정도 업무를 하겠다'고 정하는 것인데, 실시 설계 단계에 들어가면 매우 많은 도면을 그려야 합니다. 이때 제가 설정하는 업무 목표는 '하루에 도면 한 장'이 목표입니다. 설계하시는 분마다 다르겠지만 저는 하루에 도면 한 장 이상 그리는 것이 힘이 듭니다. 계획도나 비교적 간단한 도면이면 두 장 정도가 가능하지만, 평면도나 단면도 같은 복잡한 도면은 하루 한 장 이상이 힘에 부칩니다. 그만큼 신경 쓸 것이 많고 세세하게 챙겨야 할 것이 많아서입니다. 그래서 욕심부리지 않고 '하루 한 장'의 루틴을 꼭 지키려고 합니다.

다들 비슷하겠지만 아침에 정한 계획은 사실 그대로 지켜지기가 참 어렵습니다. 언제나 계획은 이상적이기 마련인데, 중간중간 전혀 예상치 못한 전화가 오기도 하고 긴급하게 대응해야 할 상황도 생기기 때문에 계획대로 일을 진행한다는 것이 쉽지만은 않습니다. 그래서 때때로 계획을 수정하기도 합니다. 이것은 앞서 언급한 월간 계획과도 연동되어야 하는 부분입니다.

그리고 저는 블로그와 SNS 포스팅을 위한 '콘텐츠 루틴'도 정해두고 있습니다. 열심히 블로그를 한다고만 하면 원칙이 없어 막연한데, 매일 올려야 할 글의 수를 정하고 이를 지키려고 합니다. 블로그로는 글쓰기 주 2회, 스케치 주 2회를 올리고, SNS는 1일 1회를 원칙으로 하고 있습니다. 스케치 꼭지에서 말씀드렸지만 써야 할 것, 그려야 할 것이 불현듯 생각나서 쓰고 그리는 것이 아니라, 하루와 일주일에 생산해야 할 콘텐츠 분량이 있기 때문에 그에 맞춰 어떻게든 글을 쓰고 스케치하는 루틴을 지키려고 합니다. 지금은 이 콘텐츠들이 눈에 보이는 가시적인 성과를 주는 것은 아니지만 어떠한 임계점을 넘어서게 되면 분명히 반응이 올 것이라 믿고 있습니다. 반응이라 함은 당연히 설계 의뢰를 비롯해 건축 설계와 관련된 여러가지 문의입니다. 지금 쓰고 있는 이 책이나 몇 번의 유튜브 출연 등도 콘텐츠를 차곡차곡 쌓는 과정에서 얻은 성과입니다. 그동안 쌓아 놓은 콘텐츠들이 시너지 효과를 발휘해 설계 의뢰 등 앞으로 하고자 하는 일에 가속도를 불러올 것으로 확신합니다.

루틴을 지키는 것은 결국 전체 스케줄 관리와 연결되기 때문에 결코 허투루 할 수 없습니다. 하루의 목표를 채워야 일주일의 목표를 채울 수 있고, 그것이 모여 한 달의 목표를 채우고 전체 프로젝트 스케줄을 맞출 수 있습니다. 건축 프로젝트에서 일정은 아주 중요합니다. 건축주의 입주 날짜, 금융 상황 등과 긴밀하게 연결되기 때문입니다. 그리고 정해진 스케줄은 건축주와의 약속입니다. 저와 회사에 대한 신뢰와 직결된 것이기 때문에 반드시 지켜야 하는 약속이기도 합니다.

퇴근해서는 집까지 아파트 계단을 걸어 올라가는 운동을 합니다. 평소 운동이 부족해 이렇게라도 보충하려고 합니다. 집으로 돌아와 아이가 아직 자지 않고 있다면 책을 읽어주거나 같이 장난감 놀이를 합니다. 그런 다음 약간의 집안일을 한 후 잠자리에 듭니다. 앞으로 바뀔 수도 있겠지만 현재로는 이 정도의 루틴으로 하루를 시작하고 끝내고 있습니다.

루틴이나 계획들이 디테일하고 촘촘해 그대로 지켜지지 않을 때도 있습니다. 지난 추석 연휴만 해도 휴일이 길어지니 루틴이 많이 무너질 수밖에 없었습니다. 친가도 가야 하고 처가도 가야 하고, 종일 아기와 함께하다 보니 피곤해져서 연휴 동안은 새벽 기상을 거의 하지 못했습니다. 한 번 흐름이 끊어지니 연휴가 끝났음에도 예전 루틴으로 회복하기가 쉽지 않았습니다.

앞에서도 말씀드렸듯이, 정해 놓은 패턴을 매일 빼먹지 않고 지켜간다는 것이 쉽지 않을 때가 많습니다. 늦게 일어나는 날도 있고 해야 할 걸 하지 못하는 날도 있습니다. 하지만 이 글의 제목처럼 이제는 저 스스로가 회사가 되었고, 누구도 나를 대신 챙겨주거나 책임져주지 못하기 때문에 정신을 바짝 차려야겠다는 생각을 하지 않을 수 없습니다. 하루는 놓친다 하더라도 이틀 연속으로 루틴을 놓치지 않도록 매일 신경 쓰고 있습니다.

어느 사업에서나
가장 중요한 자산

신뢰의 중요성은 누구나 다 잘 알고 있습니다. 신뢰할 수 없는 사람과 일하면 일단 그 사람을 믿지 못하기 때문에 진행 상황을 재차 확인해야 하는 등 안 써도 될 시간과 에너지를 쓰게 됩니다. 반면, 신뢰할 수 있는 사람과 일하면 그 사람을 믿고 일할 수 있기 때문에 이런저런 일에 신경쓰지 않고 마음 편히 일할 수 있습니다. 시간뿐만이 아니라 마인드에서도 큰 차이가 날 수밖에 없습니다. 이와 관련해 실제로 제가 겪은 일을 말씀드려보겠습니다.

건축이란 분야는 건축설계뿐만 아니라 구조, 기계, 전기,

통신, 토목 등 여러 분야의 전문가들과 함께 일합니다. 건축가는 이들과 함께 건물의 기본적인 형태와 평면 레이아웃, 마감 재료 등을 챙깁니다. 구조 분야는 기둥이나 보의 사이즈와 간격 그리고 각 부재에 필요한 철근 개수 등을 설계하고, 기계 분야는 상수와 하수 그리고 오수 등 물의 흐름과 급기와 배기, 냉 난방 설비 등을 담당합니다. 전기는 콘센트와 조명 기기, 분전반 등 전기의 흐름을 설계하고 통신은 인터넷과 전화선, CCTV 등을 챙깁니다. 토목은 지하 시설이 있을 경우 건물 주변이 무너지지 않도록 흙막이 설계를 하고 건물 외부의 물 빠짐 등을 설계합니다. 이렇게 각 분야에서 각자의 영역을 정확히 챙기면서 서로 유기적으로 협력해야만 하나의 프로젝트가 성공적으로 마무리될 수 있습니다.

설계 작업 역시 마감이라는 것이 있습니다. 인허가나 납품 시점에 맞춰 모든 분야의 도면을 취합하고 정리해야 하고, 협력사들에게도 날짜에 맞춰 작성한 자료를 보내 달라고 요청해야 합니다. 이때 정해진 퀄리티와 기한을 잘 지키는 협력사와는 신뢰 관계가 생기지만 그렇지 못한 협력사와는 갈등이 생깁니다. 저만 해도 몇 군데의 협력사에는 신뢰가 생겼지만 어떤 협력사는 납품 때마다 시간 약속을 어겨 믿음이 깨진 곳도 있습니다. 이러면 당연하게 다음 프로젝트부터는 저 업체와 일하면 안 되겠다는 생각을 하게 됩니다.

협의와 피드백이 잘 되는 것도 협력사 간 매우 중요한 요소입니다. 업무를 하다 보면 협력 업체와 상의할 일이 많이 생기는데, 구조의 경우에는 보나 슬라브와 기둥의 사이즈, 전기의 경우에는 분전반이나 조명의 위치, 기계의 경우에는 수압이나 물탱크 크기 그리고 펌프 사이즈 같은 것들을 조정하고 협의합니다. 사실 이러한 협의는 설계 변경을 일으킬 수밖에 없기 때문에 협력사 입장에서는 대응하는 것이 매우 껄끄럽습니다. 하지만 전체 건물의 완성도를 높이려면 반드시 이러한 조율 과정이 필요합니다. 그래서 다소 까다로운 요청이나 협의라도 긍정적으로 반응하고 적극적으로 대응하는 협력 업체와 계속해서 일하려고 합니다.

사업자등록증을 보면 건축사사무소는 기본적으로 '서비스업'으로 분류됩니다. 고객(건축주)에게 '서비스'를 제공하는 업종이기 때문에 의뢰인을 중요하게 생각하는 것은 기본이라고 할 수 있습니다. 이것은 현대 사회의 거의 모든 사업에 필요한 마인드입니다. 저희 같은 경우에는 미팅 시간을 잘 지키는 것, 작업물의 퀄리티와 납품 일자를 맞추는 것, 시공 후에 현장 관리를 잘하는 것 등이 건축주와의 신뢰를 확보하는 길입니다. 그 중에서도 역시 시간 관리가 가장 중요하다고 할 수 있습니다.

예전에는 소위 '선생님'이라고 불리는 건축가분들이 많았습니다. 조금 과장해서 '건축 거장'이라고 불리는 분들인데, 이분들은 자신의 명성을 바탕으로 건축주를 가르치는 입장에서 설계를 하셨던 분들입니다. 하나의 예술작품으로 건축을 바라본다는 측면에서는 필요한 태도일 수도 있지만, 다소 독선적이었다는 비판은 피하기가 힘들었습니다. 지금은 환경도 많이 바뀌고 사람들의 생각도 많이 바뀌어서 건축주, 시공사와 충분히 소통하면서 건물을 만드는 것이 맞다고 생각합니다. 저는 제 사무실을 현재 그런 생각에 맞춰 운영하고 있습니다.

다른 분야도 마찬가지겠지만 건축설계 역시 상호 간의 신뢰를 바탕으로 일이 진행됩니다. 그중에서도 건축가와 건축주의 신뢰는 모든 일의 근간이 됩니다. 건축주는 건축가를 믿기 때문에 자신의 건물(집)을 맡긴 것입니다. 두 당사자는 계약서에 명시된 대로 '신의 성실'하게 업무에 임할 것을 약속합니다. 공사가 시작되면 공사 주체인 시공사와 건축주 그리고 건축가(감리자)가 서로 믿고 신뢰해야만 공사가 원활하게 진행됩니다. 저도 시공 현장에서 마찰이 생겨 서로 불신하게 된 상황에서 공사를 진행해본 경험이 있는데, 정말 괴로웠던 기억이 납니다. 건축주는 시공사를 믿지 못하니 하나하나 확인하고 간섭하려고 하고, 시공사는 시공사대로 모든 절차를 확인받고 움직여야 하니 시간 소모가 많고 효율도 떨어집니다.

건축가는 어떻게든 중재안을 만들어 가면서 최선의 결과물을 만들기 위한 고민을 합니다만 모든 현장에는 크고 작은 마찰이 반드시 있기 마련입니다. 하지만 그 과정마다 신뢰를 깨뜨리지 않고 잘 풀어내는 것이 좋은 건물을 만들기 위한 기본 조건입니다.

건축설계는 수차례의 미팅을 통해서 진행됩니다. 저희가 주로 하는 작은 건물도 1~2주 간격으로 건축주와 미팅을 하면서 건물의 디자인을 구체화하고 확정해 가는데요. 미팅 약속을 정확히 지키는 것부터가 신뢰의 출발입니다. 가끔은 업무가 너무 바빠 날짜를 늦추는 경우가 있지만 이런 행위는 전체적인 일정을 조금씩 늦추게 하는 것이기 때문에 당연히 좋지 않습니다. 건축주 입장에서도 일정에 차질이 생길 수 있기 때문에 겉으로는 표현 안 해도 곤란함을 느낄 수밖에 없습니다. 이런 작은 것들이 쌓이게 되면 결국 신뢰를 무너뜨리는 결과로 이어집니다. 개인적인 생각으로는 다소 준비가 미진하더라도 미팅 약속을 바꿔선 안 된다고 생각합니다. 모자라면 모자란 대로 보여 드리고 다음 미팅을 잘 준비하는 게 맞다고 생각합니다.

건축주가 지켜야 할 신뢰도 있습니다. 건축주가 되면 주변으로부터 많은 말을 듣게 됩니다. 실제로 건물을 지어 본 사람부터 인터넷의 각종 정보와 모임까지, 여러 곳으로부터 흘러들어오는 정보까지. 그런데 그런 정보에 휘둘려 건축가에게 이런저런 요구를 하는 건축주분들이 많습니다. 오늘은 이게 좋았다, 내일은 저게 좋았다 하는 식입니다. 오늘은 벽돌 마감으로 하자고 했다가 내일은 석재 마감이 좋겠다는 식으로 말을 바꾸거나, 한 번 내린 결정을 뒤집기도 합니다. 이렇게 건축주가 주변 정보에 자꾸 휘둘리게 되면 건축가는 정말 힘들어집니다. 요구 사항에 맞춰서 계획을 계속 바꿔야 하기 때문입니다. 그래서 건축주에게 드리고 싶은 말씀은 딱한 가지입니다. 건축가가 훨씬 더 전문가라는 사실을 믿고 신뢰해주십사 하는 것입니다. 예산과 디자인, 시공성 등을 고려해 최선의 계획안을 만들고 있으니 건축가를 믿고, 그들의 제안에 귀 기울이면 최고의 결과물을 얻을 수 있습니다.

『부자의 그릇』이라는 책에서 본 내용입니다만, 신뢰가 곧 '돈'이고 '부'라고 합니다. 어떤 사람도 돈을 스스로 만들 수는 없습니다. 회사든 사람이든, 돈은 결국 다른 사람으로부터 오게 되어 있습니다. 어떤 사람이 누군가에게 돈을 주는 이유는 그 사람을 믿기 때문입니다. 그렇다면 신뢰가 곧 돈이라는 말이 이해가 될 겁니다. 신뢰가 모든 기회와 돈을 끌고 오는 원천입니다.

저는 전설 속의 건축가들처럼 몇 달을 고민만 하다 건축주가 오기 몇 시간 전, 일필휘지로 그려내는 건축가는 되고 싶지는 않습니다. 그럴 능력도 안되고요. 대신 피라미드처럼 차곡차곡 쌓아서 천천히 만들어가는 건축을 하고 싶습니다.

그것이 사무실을 운영하면서 제가 하고 싶은 건축입니다.

잘 듣는 것이
설계의 시작

말을 잘하는 것보다 잘 '듣는' 것이 중요하다고 합니다. 저도 누구와 대화를 하다 보면 상대방의 말을 끊고 내 말을 하고 싶다는 욕구가 들 때가 있습니다. 상대방이 나보다 덜 알고 있다고 생각되는 경우라면 더더욱 그렇습니다. 회사로 치면 상사로서 부하 직원을 대할 때나, 학교에서는 선생님이 학생을 대하는 경우입니다. '말도 안 되는 소리'라는 생각과 함께 내 이야기를 먼저 하고 싶어집니다. 하지만 대화라는 것은 결국 상대방과 주고받는 상호작용이기 때문에 일방적으로 한 사람만 말하는 상황이 되면 대화라기보다는 강요나 훈계에 가깝습니다. 그래서 잘 듣기만 해도 대화의 절반은 성공이라는 말이 나옵니다. 특히 설계 작업에서 건축주와의 대화는 무엇보다도 중요합니다.

어디에 땅을 가지고 있는지, 어떤 건물을 지으려고 하는지, 가족 구성은 어떻게 되는지, 필요한 공간은 어떻게 되는지, 선호하는 내외장재는 어떤 것인지, 생각하고 있는 예산과 기간은 얼마나 되는지 등 건축가는 건축주와 충분한 대화를 통해 많은 정보를 숙지해야 하고 그것을 설계에 녹여내야 합니다. 과거에는 건축가가 전문성이라는 권위를 가지고서 일방적으로 건축주를 리드하며 설계하는 경우가 많았습니다. 하지만 최근의 경향은 확연히 다릅니다. '허가방'이라고 하여 관청에서 허가만 받을 수 있는 저품질 설계사무소가 점차 줄어들고, 젊은 건축가들을 중심으로 디자인을 추구하는 그룹이 많아지면서 양질의 설계를 하는 사무소가 점점 늘어나는 추세입니다.

이들은 과거처럼 일방적인 설계를 하는 것이 아니라 건축주와 충분한 소통을 하면서 설계를 풀어나갑니다. 그리고 SNS 등을 통해 그 과정을 투명하게 공개하기도 합니다. 최근에는 건축주들도 인터넷을 통해 건축 관련 정보들을 충분히 접하고 오기 때문에 과거처럼 건축가의 일방적인 리드를 그대로 따르는 경우는 드뭅니다. 그리고 아파트처럼 획일화된 주거 양식이 싫어서 건축가를 찾아오는 것이기 때문에 한층 더 세세하고 까다로운 요구 조건을 이야기합니다. 그래서 어느 때보다 건축가와 건축주간의 소통이 중요해졌습니다.

앞서도 얘기했지만 대화에서 중요한 태도는 '경청'입니다. 건축가에게는 건축주가 다소 현실과 맞지 않거나 실현 불가능한 꿈같은 이야기를 하더라도 일단은 끝까지 잘 듣고 수긍해주는 태도가 필요합니다. 저 같은 경우 일단 건축주의 말을 끊지 않고 무슨 말을 하든 끝까지 다 듣고 제 의견을 이야기하려고 합니다. 일방적으로 "그건 안 됩니다"라고 하기보다는 "그렇게도 가능합니다만 비용이 많이 드는 단점이 있고, 대신 그 의도를 살리는 현실적인 방안은 이렇게 하는 것입니다" 식으로 긍정적인 방향으로 대화로 이끌어가려 합니다.

앞서도 말씀드렸듯이 설계 디자인 미팅은 1~2주 간격으로 몇 달간 이어집니다. 서로 간의 대화가 원활하지 않다면 쉽지 않은 과정입니다. 건축주의 의견을 충분히 잘 듣고 설계에 빠짐없이 반영하는 과정을 통해 신뢰를 쌓아가야 합니다. 건축가가 자기 고집에 빠져 일방적으로 설계안을 진행해 간다면 신뢰가 생길 수 없습니다. 저는 자재, 공법 선정 등 모든 과정을 최대한 건축주와 투명하게 소통하려고 합니다. 건물의 주인은 건축주이고, 건축주의 돈으로 짓는 건물이기 때문에 건축주는 건물의 모든 것을 알 권리가 있습니다.

설계가 끝나고 시공이 시작되면 현장과의 대화가 시작됩니다. 1~2주에 한 번씩 하는 현장 방문과 함께 수시로 전화 통화를 하며 진행 상황을 체크합니다. 이때 건축가는 보통 현장소장과 대화를 나눕니다. 현장소장(님)은 보통 시공 현장에서 잔뼈가 굵은 베테랑분들이 맡습니다. 이분들은 오랜 시공 경험을 바탕으로 자신만의 업무 노하우를 갖고 있습니다. 간혹 건축가가 그린 도면이 사무실 책상에서 그린 것이다 보니 실제 현장과는 맞지 않는 경우가 있습니다. 이런 것을 조정하고 현실성 있는 시공 방법을 논의하는 것이 건축가가 현장소장과 해야 하는 일입니다. 이때도 역시 경청하는 태도가 필요합니다. 서로 '내가 잘났다' '내가 더 잘 안다'는 식으로 권위만 내세우면 될 일도 안됩니다. 저만 해도 건축가 중에서는 비교적 젊은 편에 속하다 보니 현장소장이 저보다 경력이 많은 경우가 대부분입니다. 감각이나 아이디어는 저보다 부족할 수 있지만 경험 측면에서는 비교할 수 없을 정도로 베테랑분들입니다. 그래서 저는 한 수 배운다는 자세로 협의에 임하려 하고, 될 수 있으면 그분들의 의견을 존중해 드리려고 합니다.

요즘은 다들 스마트 폰을 쓰고 SNS 등도 많이 해서 현장 관리가 무척 쉬워졌습니다. 전화뿐만 아니라 사진 전송도 언제든지 가능하고, 카페나 밴드, 카카오톡 등을 통해 기록을 남기고 자료를 공유하는 것도 무척 쉬워졌습니다. 그만큼 현장과의 의사소통도 원활해졌다고 할 수 있습니다. 최근에는 CCTV를 설치하여 실시간으로 현장 체크를 하는 경우도 있지만, 시공사를 믿지 못하는 듯한 인상을 줄 수 있어 그런 방식은 신중하게 생각하고 해야 합니다.

설계 사무소 내부 직원들과의 대화도 건축가에게는 중요한 대화입니다. 직원들은 일방적으로 작업지시를 받고 맹목적으로 일하는 사람들이 아닙니다. 각자 자기 생각을 갖고 디자인을 발전시켜 나가는 '건축가들'입니다. 저도 회사에 다닐 때에는 후배들에게 일을 시킨 다음 결과물을 보면서 '왜 내 말대로 해오지 않았지?'라는 생각에 화가 날 때도 있었습니다. 그런데 찬찬히 이야기를 들어보면 내가 전달한 안을 오히려 발전시켜 왔다는 것을 알게 될 때가 있습니다. 만약 제 주관적인 판단으로 그 아이디어를 꺾어버렸다면 전체적인 디자인 프로세스뿐만 아니라 직원들의 사기와 가능성마저도 꺾는 결과를 가져왔을 것입니다. 다른 대화들과 마찬가지로 그들이 하는 이야기를 끝까지 들어보고 그 안의 가능성과 한계를 최대한 자세히 이야기해주는 것이 중요합니다. 그리고 칭찬하는 것도 잊지 말아야 합니다. 물론 해서는 안 될 실수를 했다면 따끔한 질책도 필요합니다.

최근에 시작한 대학의 설계수업 강의에서도 '경청'은 정말 중요합니다. 학생들인 만큼 건축적인 사고와 표현이 아직은 미숙한 경우가 많습니다. 다소 말이 안 되는 이야기를 하더라도 끝까지 들어주려고 합니다. 저도 미숙한 시절이 있었고, 그때를 생각해보면 저 역시 일방적으로 강요하는 방식으로 수업했던 교수님들과는 좋은 관계가 형성되지 않았던 것 같습니다. 어찌 보면 당연한 일이겠죠. 학생들의 허황한 디자인에서도 가능성을 찾고 발전 방향을 제시하는 것이 좋은 선생님의 역할이라고 생각합니다.

건축설계에서 그중에서도 경청에 대해서 이야기해 보았습니다. 다른 모든 일에서도 마찬가지겠지만, 설계 역시 여러 사람이 모여 하는 일이기에 원활한 의사소통이 중요하고 그중에서도 상대방을 배려하는 경청의 중요성은 아무리 강조해도 지나치지가 않습니다. 디자인이나 퀄리티에 대한 고집보다는 건축주와 시공사, 설계자가 잘 소통하여 모두 행복한 건축을 하는 것이 제가 바라는 이상적인 건축의 모습입니다.

건축은 협의와 협상으로
이루어진다

이번 글은 협의와 협상에 관한 이야기입니다. 앞서 상대 방의 의견을 잘 들어주는 '경청'에 관한 얘기를 했습니다. 이번에는 건축을 구성하는 여러 주체 간의 이견 조율, '협의'에 관한 것입니다.

우선 건축이라는 것이 제한된 자원으로 이루어지는 행위라는 것을 이야기하고 시작해야 할 것 같습니다. 먼저 건축주의 예산이 제한되어 있습니다. 이것이 가장 큽니다. 돈이 많다면 누구나 좋은 자재와 최신 공법을 써서 크고 멋진 집을 지을 수 있습니다. 하지만 현실은 그렇지 않습니다. 정도의 차이는 있지만 대부분의 건축주들은 제한된 예산으로 최대한 가성비 높은 집을 지으려 합니다. 시간도 제한되어 있습니다. 건축주의 상황에 따라 입주 날짜나 사업 기간이 정해져 있어 무슨 일이 있어도 그 안에 설계와 공사를 끝내야 하는 경우도 많습니다. 설계 단계에서는 이러한 상황들이 최대한 고려되어야 합니다.

그런데 대부분의 건축주분들은 새 집, 새 건물에 대한 환상 같은 걸 가지고 옵니다. 그래서 가진 예산에 비해 실현하기 힘든 규모와 수준을 이야기합니다. 이때 건축가는 설계 단계에서부터 실현 가능한 수준을 정확히 제시해 건축주를 이끌어가는 것이 중요합니다. 소위 '밀당'이 시작되는 순간입니다. 건축주의 욕망에 이끌려 요구 사항이 모두 반영된 도면을 그렸다가는 공사비가 예산을 훨씬 초과하는 일이 발생합니다. 그때야 부랴부랴 여러 자재의 품질을 하향 조정하거나 저가의 시공사를 써서 단가를 떨어뜨리기도 하는데, 최악의 경우 규모를 줄여 재설계를 해야 할 때도 있습니다. 어떤 방식이든 시간과 비용이 많이 들어가는 매우 소모적인 과정이 될 수밖에 없습니다. 이런 상황이 오지 않도록 하기 위해서는 건축가는 건축주와 충분한 상의 후 예산에 맞는 정확한 설계를 해야 합니다.

사실 건축가가 아무리 전문가라고 해도 설계하는 건물에 어느 정도의 공사비가 들어가는지 정확히 가늠하는 것은 거의 불가능 한 일입니다. 흔히 이야기하는 '평당 공사비' 정도의 개념으로 어림하여 산정해보는 것이 현실적인데, '적산업체'라고 하는 회사들은 도면과 사양을 보고 공사비를 정밀하게 산정해줍니다. 현재 제가 취급하는 작은 수준의 공사는 시공사에서 직접 공사비를 산정해주기도 하지만, 물량 산출 등에서는 다소 객관성이 떨어진다고밖에 볼 수 없습니다. 그래서 제3자로 볼 수 있는 적산업체에게 객관적인 내역서를 받아보는 것이 여러모로 도움이 됩니다.

도면이 다 나오고 관청에서 허가를 받아 공사가 시작되면 현장에서의 협의가 시작됩니다. 본격적인 협상의 시작이라고 할 수 있습니다. 그런데 건축가가 작성한 도면대로 모든 것이 시공으로 완전히 구현되기 어려울 때도 있습니다. 좋은 건물이나 선진 사례를 보고 수준 높은 디테일과 공법을 써서 도면을 그리지만 시공사마다 수준이 천차만별이라 디자인

의도가 구현 될 수도 있고 안 될 수도 있습니다.

또한 현장 상황은 도면과 다를 때도 많습니다. 이웃집의 위치나 지형 등이 대표적입니다. 이럴 때는 현장에 맞춰 설계를 바꾸어야 합니다. 이때 건축가의 임기응변이 중요합니다. 현장 상황과 시공사의 능력, 건축주의 의도와 예산 등을 고려해 최적의 결정을 내려야 합니다. 물론 모든 결정은 시공사, 건축주, 건축가가 함께 협의해서 진행되지만 건축가가 중간 협상가 내지는 코디네이터로서의 중요한 역할을 해야 할 때가 많습니다.

현장에서 도면대로 시공되는지를 체크하고 협의, 감독하는 역할을 '감리'라고 합니다. 이 업무 역시 국가에서 공인된 면허를 가진 '건축사'가 하게 되어 있습니다. 당연히 설계한 건축가가 도면을 가장 잘 파악하고 있으니 감독을 하는 게 순리이지만 국가에서는 공동주택 등 일부 용도 건물에 한해서는 설계자가 감리를 하지 못하도록 막고 있습니다. 설계자가 감리까지 하면서 건축주, 시공사 등과 담합하여 불법 행위를 저지르는 것을 막겠다는 취지입니다. 법의 의도는 알겠지만 건축가 입장에서 자신이 설계한 건물을 직접 감리하지 못한다는 것을 생각하면 아쉬운 면이 없지 않아 있습니다.

공사는 다음의 순서로 이루어집니다. 우선 땅에 규준 틀을 매서 건물을 앉힐 자리를 정확히 체크합니다. 필지에는 경계점이라는 게 있어서 다른 필지와의 경계를 알 수 있습니다. 이는 측량이라는 과정을 통해 파악합니다. 이 과정이 잘못되면 건물이 엉뚱한 자리에 앉혀질 수도 있습니다. 이후 건물이 들어설 자리에 터파기를 하고 기초 타설을 위한 거푸집을 짭니다. 건물의 뼈대가 되는 골조를 콘크리트로 하든 목조로 하든 기초는 동일하게 콘크리트로 하기 때문에 여기까지는 거의 같은 과정을 거칩니다.

기초를 타설한 이후, 각 층의 골조가 올라갑니다. 철근 콘크리트의 경우 유로폼 등으로 거푸집을 만들어 한 층씩 타설해 올라가고, 목조나 철골조는 부재를 조립해서 건물의 뼈대를 만듭니다. 골조가 완성되면 외장재를 붙입니다. 돌이나 벽돌, 스타코(건물에 외단열을 적용할 때 단열재 외부에 미장으로 바르는 외장재), 사이딩(가로나 세로로 길게 판형으로 만들어지는 외장재의 종류), 목재 등이 주로 쓰입니다. 지붕재는 기와나 칼라강판 등의 금속재가 많이 쓰입니다. 외장을 마치고 나면 창호를 붙이고(창호를 먼저 붙이고 외장을 하는 경우도 있습니다) 그런 다음 내부 공사에 들어갑니다. 벽면에는 석고보드를 붙이거나 시멘트 미장을 한 후 도배나 페인트 칠을 하는 경우가 많고, 바닥은 원목마루나 강마루, 장판을 시공하는 경우가 많습니다. 그리고 화장실 등의 타일 공사와 도기 공사도 해야 합니다.

건축 공사와 더불어 배관, 보일러, 조명, 스위치 등의 부속 설비 공사들도 병행해서 진행해갑니다. 공사 기간은 2층 정도의 주택이라면 6~7개월, 4~5층 정도의 다가구 다세대 주택이라면 8~9개월 정도가 걸립니다. 여름에는 장마, 겨울에는 추위 등으로 실공사 일수가 줄어드는 경우가 많은 만큼 여유 기간을 충분히 가지는 게 좋습니다. 특히 겨울 공사는 각종 하자 때문에 피하는 것이 좋습니다.

이런 과정 하나하나마다 건축가, 시공사, 건축주 이렇게 3자가 수시로 협의하는 과정을 되풀이합니다. 골조의 철근 배근 상태도 층마다 확인해야 하고, 건물이 생각과 다르게 구현되는 경우 현장에서 대응해야 하는 경우도 많습니다. 공사 기간 동안은 거의 매일 현장소장님과 통화를 하게 되고 적어도 1~2주에 한 번은 현장을 방문해서 실제 상황을 눈으로 확인합니다. 이런 협의를 자주 하면 할수록 건물의 퀄리티는 올라가기 마련입니다. 그래서 힘들지만 반드시 해야 하는 과정입니다.

협상의 주체로서 건축가의 역할에 대해 적어보았습니다. 건축가에 대한 이미지가 예술가 같은 모습이 있다 보니 뭔가 좀 우아하게 일할 것 같다는 생각을 하는 분들도 많습니다. 하지만 현실에서는 자신의 역량을 뽐내고 자랑하는 예술가가 아니라, 적은 예산으로 더 좋은 건축물을 구현하려는 실무자에 가깝습니다. 그러므로 많은 사람과 소통하며 협업해야 합니다. 그런 의미에서 조율과 협의는 어떤 측면에서는 건축설계의 정수라 부를 수도 있습니다.

결국 사람을
대하는 일

예전에는 자신을 낮추고 겸손한 태도를 보이는 것을 미덕으로 여겼습니다. 그런데 최근에는 그 경향이 많이 바뀐 것 같습니다. 어떻게든 자기 자신을 알리고 PR을 해야 하는 시대입니다. 요즘은 SNS를 하지 않는 사람들이 없습니다. 그래서 자신의 취향이나 관심을 표현하고 사람들에게 얘기하는 것이 너무나 쉬워졌고 당연한 일이 되었습니다. 페이스북, 인스타그램을 열면 자신을 알리고 자랑하는 사진과 글이 넘쳐납니다.

건축설계 업계도 마찬가지입니다. 건축사 면허를 가진 사람만 2만 명이 넘는다고 합니다. 여기에 직원 1~2명으로 운영되는 사무실까지 포함한다면 설계사무실은 그야말로 수없이 많다고 할 수 있습니다. 그 사이에서 건축주의 눈에 띄고 살아남기 위해서는 어떻게든 자신을 알리는 방법밖에 없습니다. 솔직히 제가 쓰고 있는 이 책도 그 일환이라고 보아도 틀린 말이 아닙니다.

저도 제 사무실을 개업하면서 향후 운영에 대한 고민이 많았습니다. 어떻게 내 사무실을 알릴 것인가? 어떻게 나만의 특징, 특화된 측면을 발굴해서 세상에 홍보할 것인가 하는 고민이 있었습니다. 어느 정도로 솔직하게 자신을 드러내면서 알릴 것인가? 의지를 담은 과장이나 허세도 있어야 하나? 하지만 저는 저를 알리더라도 거짓말을 하고 싶지는 않았습니다. 왜냐면 요즘은 조금만 검색해 보면 이 사람이 진심으로 자신에 대해 말하는 사람인지, 홍보 목적으로 좋은 얘기만 나열하는 사람인지 금방 간파가 되기 때문입니다.

개인적으로 저는 굉장히 솔직한 성격입니다. 때론 물어보지도 않았는데 너무 많은 것을 알려주는 것이 아닌가 하는 지적을 받을 정도까지 이기도 합니다. 요새 말로 'TMI'Too

Much Information라고 하죠. 예를 들면 현장에서 협의하다가 모르는 것이 있으면 그냥 그대로 현장소장님께 물어봅니다. "조금 전 하신 말씀을 못 알아들었는데, 설명 좀 해주세요"하는 식입니다. 사실 현장에서는 소위 '기 싸움'이라는 게 있습니다. 그래서 서로 누가 더 우위에 서느냐 누가 더 권위를 갖느냐를 가지고 알게 모르게 밀고 당기기를 합니다. 그런데 어느 한 쪽이 '잘 모르겠다, 알려달라'라고 한다면 그건 일단 한 수 접고 들어가는 것입니다. 자칫 상대에게 쉽게 보일 수도 있고 업신여김을 받을 수도 있습니다. 하지만 저는 꼭 그렇게만 해석하지는 않습니다.

현장소장(님)은 경력이 많은 베테랑분들입니다. 그도 그럴 것이, 현장에 드나드는 수많은 작업자와 자재상, 건축주 등을 상대로 일하기 때문에 경험이 많고 컨트롤 능력이 뛰어난 분들입니다. 만약 아무것도 모르는 초짜가 현장을 맡게 된다면 이리저리 사람들의 편의에 따라 휘둘리기에 십상입니다. 그러면 당연히 일이 제대로 진행되지 않습니다. 그래서 현장소장은 20년에서 30년 이상의 현장 밥을 드신 분들이 주로 맡습니다. 제가 설계를 한 지 10년이 조금 넘었는데, 대형 건축사무소 경력을 빼면 직접 도면을 그리고 현장에 나와 체크한 것은 아직 몇 년이 되지 않습니다. 이제 조금씩 알아간다고도 할 수 있습니다. 그러니 현장소장님이 공사에 대해서는 저보다 더 많은 경험이 있다고 보는 게 맞습니다. 그래서 협의할 때도 그 점을 최대한 인정해 드리고 겸손한 자세로 여쭤보고 조언을 구하고 있습니다. 물론 디자이너로서의 설계 의도와 자존심은 유지하면서요.

제가 그린 도면대로 구현되어야 한다는 것을 고집하지 않고, 현장 상황과 현장소장님의 의견에 맞춰 유연하게 맞추는 자세를 보여 드리면 현장소장님도 '이 친구는 열심히 배우려고 하는구나'라고 인정해 주는 걸 느낄 수 있습니다. 디자이너로서의 자존심과 고집만 앞세운다면(그 반대로 현장소장님은 자신의 경험과 현실성만 앞세운다면) 갈등만 고조되고 공사는 제대로 진행되기가 어렵습니다. 자칫 소통하지 않는 상황이 계속되면 공사는 산으로 가버릴 수도 있습니다.

공사 현장에 나가보면 작업자분들의 연세가 많은 것이 현재 대한민국 건축 현장의 현실입니다. 최소 50대, 많게는 70대 이상의 노인분들입니다. 좀 젊다 싶으면 외국인 노동자분들입니다. 공사 일이 힘들고 고되다 보니 젊은 사람들이 건축 공사 일을 하려고 하지 않습니다. 그중에서도 콘크리트 거푸집을 짜는 작업, 철근 작업, 벽돌을 나르고 쌓는 작업 등은 육체적으로 정말 힘든 일입니다. (골조가 어느 정도 완성된 후 내부 목공, 수장, 타일, 도장, 도배 등의 작업은 난이도와는 별개로 육체적으로는 비교적 편한 작업이라고 할 수 있습니다. 그래서 가끔 여성분들도 볼 수 있습니다.) 한여름 뙤약볕 아래에서 현장 작업을 하는 분들을 보고만 있어도 정말 머리가 핑 돈다는 느낌이 듭니다. 햇빛이 쏟아지는 거푸집 위에 올라서면 서 있는 것 자체만으로도 현기증이 나고 쓰러질 정도입니다. 그런데 그 와중에 작업까지 하시는 분들도 있으니 이들의 어려움과 고생은 굳이 말로 설명하지 않아도 됩니다. 이 일에 자부심을 품고 하시는 분들도 있겠지만, 말 그대로 '먹고 살기 위해' 하는 분들도 많습니다.

저와 마찬가지로 건축 일을 하는 학교 후배가 자신은 '인부'라는 말을 쓰지 않는다고 한 적이 있습니다. 이 말을 듣고 저도 쓰지 말아야겠다고 다짐했습니다. '인부'라는 말 자체가 작업자분들을 하대하고 무시하는 듯한 뉘앙스를 풍깁니다.

그래서 '작업자'라는 말을 쓰려 하고, 한 분 한 분을 저와 같은 건축 전문가로서 존중해 드리려고 합니다. 어느 한 분 할 것 없이 가족의 생계를 위해 최선을 다해 열심히 사시는 분들입니다. 그래서 현장에서는 꼬박꼬박 인사를 드리고 '잘 부탁드립니다'고 말씀을 드립니다. 계획이나 도면 작업은 제가 하지만 결국 손으로 직접 이 건물을 만드는 분들은 그분들입니다. 제가 아무리 계획을 잘 짠다고 해도 만드는 분들의 마음이 담기지 않는다면 좋은 건물은 나오지 않습니다. 그분들을 존중하는 제 마음이 조금이라도 전달된다면 좀 더 좋은 건물이 만들어 질 거라 생각합니다.

저는 이 글 초반에 겸손의 시대는 끝났고 이제는 자신을 자랑해야 하는 시대라고 썼습니다. 누군가 자기 자랑을 하면 '저 사람은 자기가 좀 잘 나간다고 해서 잘난 척하고 거들먹거리는구나'라고 고깝게 생각하는 게 인간의 본성입니다. 그래서 자기 자신을 알리고 홍보하더라도 최대한 자랑처럼 보이지 않도록 진솔하고 솔직하게 하는 것이 중요하고 그것이 기술입니다. 장점만 보여줘서도 안 되고 있는 그대로의 약점도 보여주면서 인간적으로 느껴지게 하는 전략이 필요합니다.

다들 방송인 유재석 씨를 대단하게 생각합니다. 대중이 유재석을 최고의 방송인이라고 인식한 지가 벌써 20년이 넘었습니다. 그 긴 시간 동안 정상의 자리를 지켜온 것인데, 그 기저에는 '겸손'이 깔려 있다고 생각합니다. 그가 진행하는 프로그램을 보면 결코 그가 먼저 나서서 웃기려고 하지 않는다는 걸 알 수 있습니다. 출연자를 배려하고 그들이 돋보이도록 뒤에서 분위기를 만드는 역할을 자임합니다. 하지만 그 과정에서 결국 가장 빛나는 것은 유재석 자신입니다. 저도 현장에서 유재석 같은 MC가 되고 싶다는 생각을 합니다. 제 디자인, 제 의도를 앞세우기보다 모두 함께 주역이 되는 건축을 하고 싶습니다. 이러한 태도가 결국 모두가 만족하는 건축이라는 생각을 합니다.

중요하지만 어려운 일을
가장 먼저 한다

건축가가 하는 일은 여러 가지가 있습니다. 맨 먼저 문서나 도면을 작성하는 업무, 디자인 구상을 위한 스케치, 컴퓨터로 하는 3D 모델링, 가끔이지만 모형을 만드는 업무 등도 있습니다. 이 업무들이 디자인과 관련된 건축가가 하는 가장 본질적인 일입니다. 그리고 설계 업무를 수주하기 위해 꾸준히 해야 하는 마케팅 업무들이 있습니다. 저는 이 일을 현재는 블로그를 중심으로 매일매일 건축 관련 글을 올리는 것으로 대신하고 있습니다. 그 외 각종 세금 처리 업무 등 일종의 행정 업무들도 있습니다.

설계와 관련된 본질적인 작업들은 차라리 재미있고 하기가 쉽습니다. 뭔가 창조적인 작업들이고 그것을 하기 위해서 건축가가 된 것이니까요. 하지만 공사 관리를 위해 현장과 소통하며 끊임없이 확인하고 지시하고, 발생한 문제의 이해관계를 조정하고 협의하는 일은 누구나 그렇겠지만 부담스럽고 힘든 일입니다. 나 혼자서 묵묵히 해낼 수 있는 일이 아니라 내 의사를 전달해서 상대를 움직여야 하는 일이기 때문입니다. 요즘은 예전과 달리 카톡이나 밴드 같은 온라인 채널이 잘 되어 있어 진행 상황을 함께 공유하고 이야기 나누기가 그나마 쉬워졌습니다. 하지만 그럼에도 전화를 하거나 직접 만나는 과정은 반드시 필요합니다.

공사 관리에서도 현장 체크 타이밍은 굉장히 중요합니다. 이미 시공이 된 상태를 되돌리는 것은 매우 어렵기 때문입니다. 흔히 현장에서는 '데나우시'라는 일본 말로 표현하곤 하는데 '다시 한다'는 뜻입니다. 어떤 이유로든 철거와 재시공을 하게 되면 들어가는 인건비, 재료비 추가는 물론이고 시간도 두 배로 쓰는 격이기 때문에 시공사로서는 손해가 막심합니다. 그래서 다들 재시공은 어떻게든 안 하려고 합니다.

그런데 이런 상황을 악용해 '이미 작업이 되어있는데 어쩌라는 말이냐'라는 식으로 버티기를 하는 현장 분들이 있습니다. 이러면 어쩔 수 없이 시공사와 설계자(혹은 건축주) 사이에서 갈등이 빚어질 수밖에 없습니다.

경험이 많은 건축가는 설계하면서 시공 때 이슈가 될 만한 부분들을 미리 생각해 둡니다. 시공이 까다롭다거나 놓치기 쉬운 부분, 하자가 발생할 여지가 많은 부분 등입니다. 앞서 언급한 파라펫, 창호 주변 두겁이나 빗물받이 거터 등이 그 예가 될 수 있습니다. 그래서 이 부분은 최대한 도면에 자세히 명기하고, 시공사를 만나 미리 그 부분에 대해 수차례 당부를 드리고 주의해줄 것을 요청합니다. 저는 이것을 '예측 사격'이라고 표현합니다. 네덜란드의 유명한 건축가 렘 쿨하스가 이 표현을 쓴 적 있습니다. 렘 쿨하스는 미래의 상황이 어떻게 바뀔지 예상하고 '예측 사격을 하듯' 건물을 디자인해야 한다고 말했습니다. 예측 사격이라는 건 전투기 파일럿이 공중전을 할 때 적기가 어느 지점으로 이동할지 예측하고 그 지점으로 미리 사격을 한다는 데서 나온 말입니다. 공사 감리에 능숙한 건축가는 공사가 진행되면서 어떤 이슈가 발생할지 미리 예측하고, 계속 주의를 시킴으로써 마치 '예측 사격'을 하는 것처럼 일을 합니다. 현실에서의 예측 사격은 결국 자주 전화해서 이런 이슈들을 계속 들춰내고 주지시키는 것입니다. 현장 미팅을 통해서도 해야 하지만 매번 현장을 나가기는 어렵다 보니 전화를 자주 하면서 현장 상황을 지속적으로 체크하는 것이 중요합니다. 그 외에도 군청이나 시청을 상대하는 대관업무, 협력사와의 협업 등에서도 전화를 통한 커뮤니케이션은 매우 중요합니다.

근데 저는 이 전화라는 게 선뜻 먼저 걸기가 어려울 때가 많습니다. 전화하는 게 무슨 어려운 일이냐고 말하는 분도 있겠지만 전 아직도 전화를 걸 때면 망설일 때가 많고, 이런저런 핑계를 대면서 계속 미룰 때가 있습니다. 그래서 저는 이 버릇을 고치려고 지금은 출근하자마자 일정 정리를 하고 바로 전화부터 돌립니다. 안 하면 마음의 짐처럼 계속 찜찜함이 남아, 가장 먼저 해치우는 일로 저에게 가장 중요하고 어려운 일인 전화 돌리기를 맨 먼저 실행합니다. 전화를 받는 분들도 통상 오전에는 사무실이나 자신의 자리에서 연락을 받을 가능성이 높으므로 그 시간을 놓치지 않으려고 합니다. 오후에 외근을 가거나 자리를 비워 길 위에서 통화하게 되면 아무래도 대화에 집중하기가 어렵습니다. '점심 먹고 하자' '오후에 하자'는 식으로 괜히 미루다 보면 그날 온종일 연락을 하지 못하게 되기도 합니다. 상대방도 다른 업무를 하다 전화를 못 받으면 서로 놓치면서 하루가 다 가버리는 경우도 생깁니다.

'힘들고 중요한 일을 가장 먼저 해치우라'는 원칙은 많은 자기계발서에서 강조하고 있는 얘기입니다. 유명한 동기부여가 브라이언 트레이시는 '큰 개구리를 먼저 먹어라'라고 표현했고, 스티븐 코비는 『성공하는 사람들의 7가지 습관』에서도 '중요한 일을 먼저 하라'를 일곱 개의 습관 중 하나로 소개했습니다. 물론 저의 일에서 가장 중요한 업무는 설계 그 자체입니다. 하지만 그것을 위해 수반되는 전화, 미팅 등의 커뮤니케이션 업무 역시 그에 못지않게 중요합니다. 다소 힘들고 때로는 스트레스도 주는 일이기도 하지만 그 일이 중요한 일이라면 후딱 먼저 해치우고 나머지 하루 동안은 다른 일에 집중하는 것이 중요합니다.

여러분도 자신에게 중요하지만 어려운 일, 하지만 시간은 얼마 들지 않는 일이 어떤 것이 있는지 살펴보고, 이 일부터 먼저 끝내 놓고 다른 일에 집중하는 습관을 가져보기 바랍니다. 미루는 순간 그 일은 짐이 되고 스트레스가 됩니다.

건축은 예술이기
이전에 사업이다

오늘은 사업 이야기를 해보려고 합니다. 지금까지는 건축가에게 있는 이미지 중 예술가 같고 장인 같은 면모를 주로 말씀드렸다면, 이번 글은 다소 현실적인 글이 될 것 같습니다.

제가 학생 때 건축설계를 배우며 받은 인상은 대강 이런 것이었습니다. "우리 분야는 일은 많이 하고 돈은 얼마 못 번다. 하지만 좋은 공간을 만들고 사회에 공헌하기 때문에 그걸로 의미를 찾아야 한다." 쉽게 말해 통속적인 의미의 부자가 되기는 힘들지만 자기만족이 있기 때문에 거기서 위안을 찾으라는 말이었습니다. 실제로 대부분 선배 건축가들도 그렇게 힘든 길을 걸어갔습니다. 대가 혹은 거장이라고 불리던 김수근, 김중업 선생님들도 사무실을 경영할 때 빚에 허덕이며 어려움을 겪으셨다는 이야기는 건축가들이라면 누구나 알고 있는 이야기입니다.

하지만 시대가 바뀌었습니다. 지금 건축을 공부하고 건축 설계 업계로 들어오는 MZ 세대들은 워라벨을 중시하며 삶의 질을 강조합니다. 제가 80년대생인데 알고 보니 저까지도 MZ 세대에 포함되더군요. 제가 학생들을 가르치고 있는 학교에서는 세대 차이를 확실히 실감하는데, 밖에서는 이들과 같은 세대로 묶인다니 느낌이 이상하긴 합니다. 아무튼 저를 비롯해서 요즘 세대들은 예전 선생님들처럼 '밥을 굶더라도 내 건축을 한다'는 식의 예술가적, 구도자적 마인드에 동조하지는 않습니다. 부자까지는 아니더라도 쪼들리게는 살지 말아야 한다고 생각합니다. 그리고 개인적인 시간도 최대한 확보해서 가족과 함께하는 시간도 많이 가지고 싶어합니다. 그건 저도 마찬가지입니다.

그런데 이 정도의 목표조차도 쉽지 않은 것이 요즘 건축 설계 업계의 현실입니다. 모두가 좋은 자원을 가지고서 경쟁적으로 일하다 보니, 살아남기 위해서는 수많은 시간과 노력을 필요로 합니다. 우리가 좋은 직업이라고 했던 의사나 변호사 세계도 마찬가지입니다. 의사나 변호사 상황도 이럴 진데, '건축사 자격증만 따면 일이 몰려들어서 편히 살 수 있다'는 말은 그야말로 호랑이 담배 피우던 시절의 이야기입니다.

사무실 운영에 대해서도 잠깐 이야기해보겠습니다. 설계사무소의 운영은 우선 사무실 임대료를 내야 하고, 직원들 월급을 줘야 합니다. 그리고 공과금, 사무용품, 세금 등의 유지비가 꾸준히 나가는데 여기까지가 고정비입니다. 이 정도의 지출은 어떤 사무실을 운영해도 마찬가지입니다. 문제는 수입입니다. 설계사무실 자체가 거대한 프리랜서 시스템과 비슷해서 일을 따와야 돈을 벌 수 있는 구조입니다. 그래서 건축가는 항상 수주라는 압박에 시달릴 수밖에 없습니다. 그리고 프로젝트를 계약한다 해도 설계비를 한 번에 받는 것이 아니라 몇 번에 걸쳐 나눠 받기 때문에 돈이 들어오고 다음 돈이 들어오기 전까지는 자금 운용이 힘들 때가 있습니다. 공공 프로젝트는 민간 프로젝트보다 설계비를 많이 받기는 하지만 현상설계 등의 경쟁을 거쳐야 하는 데다 서류 등 제출해야 할 것이 많고 설계 조건도 까다로운 편입니다. 발주처도 여러 곳을 상대로 해야 하므로 더 힘들기도 하고요.

저는 사업을 시작하면서 몇 가지 원칙 또는 전략을 세웠습니다. 아무리 1인 기업으로 시작하지만 마구잡이로 일할 수는 없다고 생각하고, 우선 큰 전략으로 공공 현상설계에는 참여하지 않고 민간 시장을 노려야겠다고 생각했습니다. 현상설계는 일정 수준 이상의 인력이 시간을 들여야 성과가 나는 분야입니다. 물론 크게 힘을 쓰지 않고도 어쩌다 당선되는 일도 있긴 하지만 그건 요행이라고 봐야 합니다. 제가 쓸 수 있는 인력이 지금은 저 한 명뿐이기 때문에 민간 시장에서 프로젝트 한두 개를 충실하게 하고, 차츰 실력과 명성을 쌓아가는 게 옳다고 생각합니다. 최근에 유명세를 타고 있는 젊은 건축가들도 작은 인테리어부터 시작해서 민간 시장으로 성장한 경우가 많습니다.

그리고 수주를 위한 노력으로 블로그에서의 글쓰기와 SNS를 꾸준히 하려고 합니다. 예전처럼 무작정 사람을 만나서 명함 돌리고 같이 술 마시면서 영업하던 시대는 끝났습니다. 많은 사람이 인터넷으로 소통하고 홍보하고 마케팅을 하고 있습니다. 그리고 대부분의 설계사무실이 SNS를 활발히 하고 있습니다. 제 블로그의 그림과 글을 보고 연락해주는 건축주분도 꽤 많아졌습니다. 모두 성과로 연결되거나 계약으로 이어지는 것은 아니지만 '이걸로도 홍보와 마케팅이 되는구나'라는 가능성 정도는 확인할 수 있었습니다. 지금 쓰고 있는 이 책도 블로그 글이 기반이 되었습니다. 제가 자비(스스로 비용을 대는) 출판으로 책을 한 권 냈습니다만(앞서 말씀 드린 건축 소설입니다), 그것이 주는 효과도 꽤 쏠쏠했습니다. 사람들을 만날 때마다 선물용으로 주기도 좋았고, 설계 수업을 끝내고 학생들에게 나눠 주기도 좋았습니다. '책을 쓴 작가'로 인식되는 효과는 저를 조금은 다른 건축가로 바라보게 해주었습니다. 이번에 쓰고 있는 이 책은 출판사를 통해 내는 정식 단행본인 만큼 효과는 더욱 클 것으로 기대하고 있습니다.

이렇게 글과 그림, 책 등을 차곡차곡 모아가면 '글 쓰는 건축가'라는 제 브랜드를 구축할 수 있어 좋고, 좋은 퀄리티로 건물을 완성해 최종적으로는 좋은 설계비를 받는 상위 건축가 그룹으로도 이동할 수 있을 거라 생각합니다. 그렇게 되기까지 사무실 인원은 최소한으로 유지하고 직원 추가는 최대한 보수적으로 할 생각입니다. 프로젝트 개수 또한 너무 무리하게 늘리지 않고 프로젝트의 퀄리티가 떨어지지 않도록 신중하게 잘 관리하려고 합니다. 결국 이것들이 모여 저의 브랜드로 만들어 질 것이기 때문입니다.

그리고 제가 좀 더 특화하고자 하는 또 다른 부분은 '건축주 관리'입니다. '관리'라는 표현에 건축주분들이 기분 나빠할지도 모르겠습니다만, 기존의 설계사무실은 건축주와의 관계를 애써 신경 쓰지 않고 등한시했다는 느낌이 없지 않았습니다. 여러 개의 프로젝트가 동시에 돌아가다 보니 프로젝트 하나에 집중하는 시간이 짧고, 건축주 요구에 대응하는 피드백은 느려질 수밖에 없었습니다. 하지만 저는 우리나라 어느 건축가보다도 건축주를 귀하게 여길 생각입니다. 쟁쟁한 건축가를 제치고 저에게 일을 주신 고마운 분들인데, 그분들이 말씀하시는 요구에 철저히 대응하고 피드백도 빠르게 하는 것은 기본이라 생각합니다. 미팅도 건축주가 원하는 만큼 최대한 자주 많이 하려고 합니다. 그러면 이후에 다른 문제가 생기더라도 같이 해결해 나갈 수 있는 신뢰의 밑거름이 될 것으로 생각합니다. 이 같은 건축주의 만족은 자연스럽게 바이럴 마케팅으로도 이어질 수 있다고 생각합니다.

여기에 글쓰기나 건축 관련 콘텐츠들을 모아 강연이나 워크숍을 하고, 커뮤니티를 만들어서 지식과 경험을 나누고, 부가적인 수입을 창출하는 것은 또 다른 영역의 목표입니다. 이것은 건축가와 다른 영역의 사업이기 때문에 아직은 구상 정도만 하고 있지만 언젠가는 꼭 하고 싶은 일입니다.

지금까지 제 사업의 목표와 방향, 전략에 대해서 간단하게 말씀드려 보았습니다. 물론 아직은 어설프고 불완전한 것일 수 있습니다. 하지만 계속 적용하고 수정하는 과정에서 조금씩 완성되어 가리라 믿습니다. 불완전한 계획보다 나쁜 건 계획이 아예 없는 것이니까요. 생각과 실행을 멈추지 않고 계속 이어 나간다면 저와 제 회사는 계속 발전해갈 것입니다.

세상은 계속
변하고 있다

　이번 글에서는 '건축가의 자기계발'에 대해 이야기해보려고 합니다. 초반부에 소개했던 글쓰기와 책 읽기, 스케치 등도 자기계발입니다. 그런 것들이 제 안에서 자신의 세계를 구축해 가는 활동들이라면, 오늘 이야기하고자 하는 것은 외부의 정보들에 기민하게 대응하고 촉각을 곤두세우면서 정보를 축적해 나가는 이야기입니다.

　사실 건축업계는 그다지 변화가 빠른 분야는 아닙니다. IT 분야에 계신 분들 이야기를 들어보면 몇 개월만 쉬고 돌아오면 시장 흐름을 좇아가기가 굉장히 버거울 정도라고 말합니다. 그 정도로 기술의 발전과 변화의 속도가 빠르다는 뜻입니다. 하지만 저희 분야는 상대적으로 상당히 느린 편입니다. 시공하는 방법도 80~90년대와 크게 바뀐 점이 없습니다. 거푸집을 짜고, 철근을 매고, 레미콘을 부어 넣어서 타설하는 방식은 몇십 년이 지난 지금도 그대로 유지되고 있습니다. 외부마감도 그때와 다름없이 돌이나 벽돌로 하고 있고, 내부 마감도 벽지로 도배하고 타일을 붙입니다. 그래서 저는 농담으로 "쌍팔년도 작업자가 타임머신을 타고 와도 지금과 똑같이 일할 수 있을 거다"라고 말합니다. 물론 세부적인 모양이나 디테일은 유행에 따라 조금씩 변하고 있지만 만드는 방식에서는 무언가 혁신적인 변화는 일어나지 않고 있습니다. 만약 3D 프린터 같은 기술이 건축에 도입되어 새로운 소재로 로봇이 건물을 만든다면 그건 정말 혁신적인 변화라 할 만합니다. 지금도 가끔 그런 기술들이 소개되곤 합니다만, 현실화까지는 시간이 꽤 걸릴 것 같습니다. 아마도 그런 기술이 완전히 상용화된다면 건설 분야도 크게 바뀔 것입니다.

설계 분야의 발전 속도도 더딘 편입니다. 제가 지금 주로 쓰고 있는 프로그램이 도면을 그리는 오토캐드, 스케치업,

라이노라는 3D 모델링 프로그램입니다. 여기에 어도비 사에서 나오는 포토샵과 일러스트레이터 등을 추가로 쓰고 있습니다. 이 프로그램들은 제가 15~20년 전 학생 때부터 계속해서 쓰던 것들입니다. 물론 매년 기능이 조금씩 개선되어 업그레이드되긴 합니다만, 기본적인 골격은 크게 변하지 않고 있습니다. 마치 사무실에서 엑셀과 한글, 파워포인트 등을 수십 년째 쓰고 있는 것과 비슷합니다. 작업 툴(프로그램)이 바뀌는 것이 발전을 의미하는 것은 아니지만, 여타 분야와 비교해보더라도 일의 종류와 수준 등에서는 큰 변화가 없는 것이 사실입니다.

최근에 설계분야에 불어오는 혁신이라고 한다면 BIMBuilding Information Modelling이 있습니다. 앞서 말씀드린 3D 모델링에서 한발 더 나아간 개념인데요. 스케치업이나 라이노에서 하는 모델링은 단순하게 형태나 공간을 확인하는 용도로 쓰이고요, 공사를 위한 정식 도면은 캐드로 정밀하게 다시 그려야 하는 일입니다. 하지만 BIM에서는 이렇게 다시 작업하는 일이 필요 없어집니다. 모델링을 매우 정교하게 해서 거기에서 바로 도면 추출이 가능하도록 한다는 개념입니다. 오토데스

크사의 래빗, 그래피소프트사의 아키캐드 등이 이러한 기능을 지원하는 대표적인 프로그램입니다. 사실 이 BIM 기술이 설계 업계에 소개된 지도 10년이 넘었습니다. 그동안 많은 회사들이 BIM을 도입해서 쓰고 있는데, 큰 회사에서는 어느 정도 정착이 되어 건물 설계에 실제로 사용되고 있는 것으로 알고 있습니다. 다만 제가 설계하는 아틀리에 수준의 작은 건물 설계에는 아직 많이 쓰지 않습니다. 캐드나 스케치업보다 BIM 프로그램은 난이도가 훨씬 높아 진입 장벽이 높고, 컴퓨터 시스템도 좋은 사양을 요구합니다. 그런 점 때문에 BIM 기술의 상용화가 아직 더디게 진행되는 것이 아닌가 싶습니다. 하지만 미국이나 유럽 등 선진국에서는 이제 거의 대세로 자리 잡았다고 합니다. 결국 건축설계의 트렌드가 BIM이 된다는 것은 누구도 부정하기 힘든 현실입니다. 저도 아직 BIM에 익숙하지 않지만, 틈틈이 시간을 내서 공부해볼 생각입니다.

이것 말고도 건축가가 세상의 흐름을 기민하게 좇아가야 하는 것들이 또 무엇이 더 있을까요? 첫 번째로 언급하고 싶은 것은 '법규'입니다. 법이라는 것은 세상의 질서라고 할 수 있는데, 자주 바뀌는 것이 이상하다고 생각할 수 있겠지만 '건축'이라는 분야로만 한정해서 보면 정말 빠르게 바뀌고 있는 것이 법규입니다. 단적인 예가 '단열 기준'입니다. 건축물에 쓰이는 에너지를 절약한다는 목적으로 단열 기준은 해가 갈수록 강화되고 있습니다. 작년 다르고 올해가 다릅니다. 이제는 웬만한 건물의 단열재 두께가 콘크리트 벽체의 두께보다 더 두꺼운 경우도 발생하고 있습니다. 건물의 에너지 효율을 인정받기 위해서 건축 인허가 때 '에너지 절약 계획서'를 제출하기도 하고, 일부 건물은 그 성능을 인정받기 위해 '녹색 건축물 인증'같은 것을 받기도 합니다. 이런 업무는 건축 설계 사무소가 일일이 챙기기 힘들어 외주업체의 도움을 받기도 합니다. 이 외에도 장애인의 편의와 관련된 법규, 화재 예방을 위한 법규 등도 해마다 강화되는 추세입니다. 최근에는 일부 다가구, 다세대 건물에도 방화 창(불이 번지지 않도록 막는 창)을 의무화하기도 했습니다. 아무튼 이런 법규들의 변화를 시시각각으로 잘 파악하지 않으면 인허가나 공사 과정에서 뒤늦게 문제가 되는 큰일이 발생할 수 있습니다.

자재와 공법의 변화에 대해서도 기민하게 대응해야 합니

다. 독자 여러분들도 '하우징 페어' '홈 디자인 페어'같은 행사를 한 번쯤 들어보셨을 텐데요, 저도 최신 경향을 습득하기 위해 행사가 있을 때마다 전시회 구경을 갑니다. 이곳에서는 각종 건축 자재부터 시공에 쓰이는 공구, 창호, 문 등 건축설계에서 시공까지 집짓기와 관련한 거의 모든 업체가 나와 최신 상품들을 소개합니다. 가서 보면 정말 신기한 것들이 많습니다. 물론 신상품일수록 기존 제품보다 검증이 덜 되었거나 가격이 비싸다는 점이 리스크가 되기도 하지만 새로운 자재나 제품들을 새 건물에 적용해 보는 것은 트렌드를 익히고 트렌드를 리드하는 기회로 작용합니다. 새로운 자재나 공법에 관한 정보는 박람회뿐만 아니라 인터넷이나 잡지 등의 매체를 통해서도 어렵지 않게 접할 수 있습니다. 혹시 이와 관련해서 좀 더 정보를 얻고자 하는 분들은《전원속의 내집》이라는 잡지를 추천해 드립니다. 저도 정기 구독하는 잡지인데, 미학적이거나 학술적인 다소 뜬구름 잡는 이야기보다는 내 집에 바로 적용할 수 있는 직접적인 정보들을 제공해주는 잡지라 많은 도움이 됩니다.

정보를 구하기는 쉽지만 그것을 자신의 것으로 소화하는

것은 어려운 일입니다. '아는 만큼 보인다'는 것은 이 업계에서도 마찬가지입니다. 어느 정도 기본 지식과 경험을 갖추지 않으면 제품 설명을 들어도 바로바로 머릿속으로 입력되지 않습니다. 저도 계속해서 업데이트되는 정보를 익히기 위해 잡지도 구독하고, 박람회장도 방문하고 있습니다.

마지막으로 말씀드리고 싶은 것은 디자인 트렌드입니다. 일반인의 눈으로 본다면 사실 건축 디자인이라는 것이 수십 년간 그다지 크게 변하지 않았다고 볼 수 있습니다. 박스형의 정갈한 디자인이 대부분이었으니까요. 그런데 최근에는 건물의 전체적인 형태나 표피까지 인테리어 디자인의 영향을 받고 있습니다. 먼저 인테리어 디자인과 건축설계의 차이점에 대해 설명해 드려야 할 것 같은데요. 건축설계는 주로 대지 형상이나 법규에 맞춰 메스를 디자인하고, 평면 레이아웃을 정하고, 외부의 창호나 재료 등 입면을 정하는 과정을 말합니다. 반면 인테리어 디자인은 이렇게 정해진 공간을 부여받아 각 면의 재료를 어떻게 할지, 예를 들어 벽지의 종류나 페인트 색, 걸레받이, 스위치 등을 정하고 화장실의 경우 타일이나 수전, 도기 등을 정하는 작업이라고 할 수 있습니다. 여기에 아트월 등의 디자인 요소를 추가하기도 합니다. 그동안은 통상적으로는 이렇게 구분했습니다만 최근에는 유행과 트렌드를 인테리어가 선도하고 있기 때문에 건축을 하시는 분들이 인테리어를 하기도 하고, 인테리어 디자이너가 건축 영역에도 손을 대는 등 두 분야의 경계가 점차 희미해지고 있습니다.

인테리어 디자인은 마치 패션과 비슷해서 변화가 빠르고 유행에 민감합니다. 그러다 보니 건축에서도 벽돌이나 타일 등의 아기자기한 재료가 유행하고, 난간이나 후레싱 등 섬세한 디테일 처리가 중시되기도 합니다. 그래서 때로는 수개월 만에 공사한 것을 뜯어내고 새로 공사하는 경우도 있습니다. 개인적으로는 이렇게 유행 타는 스타일을 지양하고, 앞서 말씀드린 '단순함 속에 단단함'이라는 철학을 제가 디자인하는 건축물에 반영하고자 합니다. 이는 무작정 유행을 쫓기보다는 변하지 않는 디자인 가치를 건물에 먼저 반영하겠다는 저의 의지입니다. 그럼에도 건축주의 요구가 트렌드를 요구하는 거라면 마냥 외면하고 있을 수는 없습니다. 그래서 건축 디자인을 다루는 웹사이트나 블로그, SNS 등을 자주 보면서 트렌드들을 익히거나 화제가 되는 장소를 방문해서 그곳의 분위기를 느껴보려고 합니다. 그러면서 왜 유행하는지, 왜 대중들이 선호하는지를 골똘히 생각해 보곤 합니다.

지금까지 변화에 적응하는 건축가의 모습에 대해서 이야기해 보았습니다. 세상에는 자기 페이스대로 천천히, 꾸준히 나아가는 사람이 있고, 세상의 변화에 기민하게 반응하며 재빠르게 움직이는 사람이 있습니다. 저는 기본적으로 첫 번째 타입의 사람입니다. 하지만 그렇다고 빠르게 변하는 세상에 마냥 등 돌리고 살아갈 수는 없습니다. 안으로는 내공과 철학을 단단히 다지면서도 밖으로는 외부의 변화나 흐름을 놓치지 않는 균형 잡힌 자세를 견지하려 합니다. 이것이 저의 건축 공부입니다.

세상에 나를
알리는 창구

이번 글에서는 건축가는 물론이고, 자기 일을 하는 모든 분에게 중요한 '세상에 자신을 알리는 도구'에 대해 말씀드리려고 합니다.

현재는 글과 그림, 기타 콘텐츠를 올리는 블로그와 브런치, SNS, 유튜브 등이 세상에 저를 알리는 도구입니다. 이런 도구들을 잘 활용한다면 누구나 신문사가 되고, 잡지사가 되고, 방송국이 될 수 있습니다. 이 말은 미디어라는 요소를 통해 내가 하는 일을 많은 사람에게 알릴 기회가 있다는 것을 의미합니다. 그리고 미디어를 '소비자'로서 이용하는 것이 아니라 '생산자'로서 이용할 수 있다는 것을 뜻합니다.

스마트 폰이 대중의 손에 들어오면서 정보(콘텐츠)를 소비하는 시간이 폭발적으로 늘었습니다. 그래서 지금을 '콘텐츠의 시대' '1인 미디어의 시대'라고도 말합니다. 기존의 다양한 산업들이 서로 균형점을 갖고 있던 상태에서 스마트폰(나아가 IT 기술)은 균형점을 무너뜨리는 역할을 했습니다. 균형점이 무너지면서 새로운 사업이 생기고 없어졌습니다. 그리고 그것을 기반으로 새로운 부자들이 출현했습니다. 개인(사업자) 입장에서도 변화의 흐름을 내 것으로 만들려면 새로운 환경 안에서 나의 점유율을 높여야 합니다. 이때 개인이 가장 쉽게 할 수 있는 것이 콘텐츠를 '생산하는' 사람이 되어 사람들이 내 콘텐츠를 좋아하고 필요하게 하는 것입니다.

결국 이걸 잘한 개인들이 인기 블로거가 되고 인기 유튜버가 되었습니다. 그러면 이들 콘텐츠가 무엇이 남달랐던 걸까요? 사실 이들 콘텐츠가 콘텐츠 만들기를 본업으로 하던 미디어 회사들보다 객관적으로 퀄리티가 높거나 했던 것은 아닙니다. 그럼에도 큰 인기를 얻은 데에는 그들만의 독특한 시각이 콘텐츠에 배어 있었기 때문입니다. 이들은 포괄적인 대중을 상대로 하는 전통적인 미디어보다 훨씬 더 디테일하게 접근했습니다. 그래서 소수의 대중은 그동안 보지 못한 신선함에 열광하고 마니아가 되어 갔습니다. 이렇게 '찐팬'들이 만들어지면서 수십, 수백 만의 구독자가 확보되었습니다.

저도 큰 회사에서의 퇴사를 생각할 즈음부터 저를 알릴 방법이 뭐가 있을까 고민했습니다. 홈페이지를 구축하는 것은 당장 배워야 할 것이 많아 선뜻 하기가 어려웠지만 블로그는 가장 대중적이고 누구나 다루기 쉬운 매체였습니다. 저처럼 이렇게 생각하고 많은 건축가, 디자이너가 블로그를 시작했지만 꾸준히 지속하고 유지하는 것은 또 다른 얘기입니다. 내 작업물이 아무리 많아도 몇 번 포스팅하고 나면 더 올릴 소재가 없어집니다. 저도 제가 했던 몇 개의 프로젝트를 올리고 나니 이제 뭘 더 올려야 할지 대책이 안 서더군요. 그때 생각한 것이 스케치였습니다. 그리고 스케치만으로는 콘텐츠가 부족하다고 생각해서 건축과 관련된 주제의 글쓰기도 추가하게 되었습니다.

요새는 블로그를 통한 퍼스널 브랜딩을 고민하시는 분들이 많아 그것을 전문적으로 교육하는 트레이닝 코스, 코칭 프로그램도 매우 많아졌습니다. 제가 쓰는 '글 쓰는 건축가'라는 닉네임도 그런 관점에서 꽤 고민해서 지은 이름입니다. 온라인상에서 많은 사람이 실제 이름보다는 닉네임으로 많이 활동합니다. 닉네임을 잘 지으면 자신의 정체성과 전문성을 드러내기가 수월합니다. 저는 제 닉네임을 지으며 '건축가는 건축가인데 글까지 잘 쓰는 건축가라면 뭔가 다르게 보이지 않을까?'라고 생각했습니다. 물론 유현준 교수님이나 다른 유명 건축가들도 글을 많이 씁니다. 그래서 '글 쓰는 건축가'로 검색하면 그분들이 더 많이 검색되는 것이 사실입니다. 대신 저는 여러 번의 포스팅을 통해 이 닉네임을 내 것으로 가져오려고 합니다. 지금은 네이버에서 '글 쓰는 건축가'를 검색하면 저의 블로그, 브런치가 제일 먼저 나옵니다. 별거 아니라고 할 수 있지만 개인적으로 아주 기쁜 일입니다. '글 쓰는 건축가'로 확실히 각인되었다는 증거이기 때문입니다.

글을 잘 쓰는 분들이 많이 이용한다는 브런치에도 관심을 두고 여러 편의 글을 쓰다 보니 자연스럽게 출판에도 관심이 생겼습니다. 브런치를 출판사 관계자분들이 눈여겨본다는 것을 알고는 더욱 신경 써서 글을 올리고 있습니다. 블로그는 누구나 계정만 만들면 자신의 글을 올릴 수 있지만 브런치에 글쓰는 기회를 얻기 위해서는 선발 절차라는 것을 거쳐야 합니다. 저는 한 번 떨어지고 두 번째에 자격을 얻었습니다. 요새 많은 분들이 브런치 작가에 도전한다는 말을 들었습니다. 제 노하우를 말씀드리자면 '남들과는 다른 전문성 내지는 특이함이 보여야 한다'입니다. 브런치 글에도 유행이 있어 정말 많은 사람이 '난 오늘 퇴사했다' '세상을 살아가는 데 필요한 힐링' 같은 글을 올립니다. 이에 비해 저는 '벽돌 시공법'이나 '아모레 퍼시픽 사옥을 비평'한 글로 심사를 받았는데, 저만이 할 수 있는 이야기라는 점이 주효했는지 다른 분들에 비해 쉽게 작가 데뷔를 할 수 있었습니다.

최근에는 브런치 조회 수가 네이버 블로그보다 훨씬 더 많이 나옵니다. 아무래도 브런치가 블로그보다 좀 더 정제된 채널로 인정받기 때문이 아닌가 싶습니다. 제가 봐도 최근의 네이버 블로그는 판촉, 홍보, 마케팅만을 노리는 사람들이 너무 많이 유입되어 혼탁해진 경향이 있습니다. 앞으로도 양질의 콘텐츠를 만드는 인플루언서를 유치하기 위한 인터넷 서비스 업체들의 노력은 계속될 것입니다.

저는 블로그 외에 페이스북, 인스타그램 등의 SNS는 공사 현장 사진이나 개인적인 사진을 올리는 용도로 사용하고 있습니다. 페이스북의 인지도와 활성화는 예전 같지 않아서 인스타그램에 집중하는 편입니다. 젊은 분들이 워낙 많이 이용하는 매체라 그 영향력을 무시할 수 없는 것 같습니다. 실제로 거의 모든 설계사무소가 인스타그램을 이용하고 있습니다. 최근에는 일상생활에서 찍은 건물 사진에 건축가의 생각을 덧붙여 '건축일기'라는 제목으로 포스팅하고 있는데, 반응이 꽤 괜찮은 편입니다. (다음 글에서 더 자세히 설명해 드리겠습니다.)

마지막은 유튜브입니다. 앞에서도 한 번 말씀 드린 바 있는데, 제가 낸 책을 보고 저를 섭외한 건축 관련 유튜브 채널에 출연하면서 저도 유튜브 도전을 시작했습니다. 지금이 유튜브의 시대라고는 하지만 개인이 본업을 하면서 유튜브 콘텐츠까지 만든다는 것은 결코 쉬운 일이 아닙니다. 블로그는 글을 작성하고 좀 더 잘하자면 사진 정도를 포함해서 올리면 그만이지만 유튜브는 영상도 찍고 보기 좋게 편집도 해야 하고 더 잘하려면 자막도 넣고 썸네일 이미지도 만들어야 하는 등 부수적인 일이 참 많습니다. 저도 그동안 그런 부담으로 시작을 못 했는데, 유튜브 출연을 한 번 경험하고서부터는 생각을 바꾸었습니다. 생각보다는 해볼 만하다고 판단을 하고 건축과 관련한 강연 콘텐츠 몇 개를 업로드 해보았습니다. 앞으로 어떤 콘텐츠가 공개될지, 기대와 관심 부탁드립니다.

저를 홍보하고 알리는 여러 가지 매체, 채널들에 대해 말씀드렸습니다. 예전에 제가 보고 참고했던 많은 인플루언서 분들이 블로그를 기반으로 시작해서 그 콘텐츠를 활용하여 다른 채널들로 확장해 나갔습니다. 저도 비슷한 길을 가고 있다는 생각이 듭니다. 이러한 매체와 콘텐츠들이 서로 시너지 효과를 일으켜서 '글 쓰는 건축가'라는 제 브랜드를 더욱 단단하게 만들어줄 것으로 생각합니다. 여러분도 만약 개인 (사업자, 프리랜서)으로서 자신을 알려야 할 필요가 있다면 반드시 자기 일을 소재로 콘텐츠를 만들어서 채널을 운영해 보시기 바랍니다. 누구나 해야 하는 일이고 누구나 할 수 있는 일입니다.

인생과 건축의
밑바탕

이제 저의 마지막 습관입니다. 이번 습관은 하루의 시작과 마무리 같은 습관입니다. 바로 일기 쓰기입니다. 일기라 하면 개인적인 생각이나 있었던 일을 기록하는 것을 떠올리겠지만 저는 개인적인 계획과 결심에서부터 업무와 관련된 것까지 다양한 주제로 일기를 씁니다. 그래서 모든 습관의 마지막처럼 모든 일의 기본이 되고 밑바탕이 되고 있습니다.

제가 쓰고 있는 일기는 총 세 가지입니다. '아침일기'와 '감사일기' 그리고 '건축일기'입니다. 아침일기는 제가 설정한 7가지 목표와 어제의 감상, 하루의 다짐과 각오 등을 몇 문장으로 간단하게 써보는 것입니다. 감사일기는 하루 일상에서 감사할 만한 것 세 가지를 찾아서 써보는 것입니다. 마지막으로 건축일기는 길거리를 다니다 눈에 띄는 건물의 사진을 찍고 그에 대한 간단한 생각과 코멘트를 인스타그램으로 남기는 것입니다.

제가 아침일기에 쓰는 일곱 가지 목표는 다음과 같습니다.

1   내 아이는 건강하고 똑똑하게 자라며 아내와 함께 화목한 가정을 이룬다.

2   대학에서 설계 강의를 성공적으로 하고 유명 대학으로 지속적으로 이어 나간다.

3   현재 나의 사무실을 더 발전시키고 2025년까지 '젊은 건축가 상'을 수상한다.

4   나의 책과 블로그, 건축 작업을 통해 유명 인사가 되고 이를 바탕으로 설계 프로젝트를 지속적으로 수주한다.

5   지속적인 글쓰기와 스케치를 통해 나만의 건축 철학을 확립하고 실제 건물로 실현한다.

6 건강한 식습관과 운동을 통해 원하는 몸무게를 만들고 유지한다.

7 지속적으로 나의 책을 출간하고 베스트셀러 작가가 된다.

아침마다 이 목표들을 한 번씩 적어 보고 있습니다. 휴대전화와 컴퓨터 배경 화면으로도 이 내용을 띄워 놓고, 집의 책상과 사무실 책상에도 인쇄해서 따로 붙여 놓았습니다. 이렇게 자주 보면서 잊지 않고 계속 상기하려고 합니다. 그리고 각각의 목표를 이루기 위해 하루 한 가지 활동도 반드시 실천하려고 합니다. 이를테면 첫 번째 목표를 위해서는 퇴근해서 아이와 놀아주고 아내에게 따뜻한 카톡 하나라도 먼저 보내려고 합니다. 그리고 두 번째 목표를 위해서는 성심성의껏 강의를 하고 수업 후에라도 학생들이 카톡으로 보내는 작업물을 열심히 살펴보고 피드백을 주려고 합니다.

사실 이렇게 목표를 적는 것이 별것 아닌 것 같지만 의외로 효과가 있습니다. 원래 두 번째 목표는 '대학에서 설계 강의를 하겠다'였습니다. 하지만 얼마 지나지 않아 진짜로 설계 강의를 하게 되었습니다. 세 번째 목표도 원래는 '나의 사무실을 오픈한다'였는데 지금은 실제로 제 사무실을 운영하고 있습니다. 일곱 번째 목표도 '나의 책을 출간한다' 였습니다. 결국 제 책(앞에서 말씀드린 '건축소설')을 출판하게 되었고, 지금 또다시 이 책도 쓰고 있습니다. (물론 아직 베스트셀러가 되지는 못했습니다.) 이처럼 저는 일기 쓰기를 통해 목표가 조금씩 실현되는 경험을 하고 있습니다. 목표들은 상황에 따라 조금씩 변화하며 달라지고 있습니다. 내년이면 또 다른 목표를 세울 것입니다. '목표 쓰기'는 자기계발을 하는 사람들 사이에서는 유행처럼 번지고 있는 일종의 '자기최면' 활동과 같습니다.

목표를 다 쓰고 나면 어제의 감상과 오늘의 각오 등을 뒤이어 간단하게 적습니다. 주로 어제의 반성을 쓸 때가 많은데 어떤 점을 실수했고, 어떤 것을 개선해야 하는지, 오늘 중요하게 해야 할 일은 무엇이고 어떻게 해야 하는지 등을 씁니다. 자신에게 엄격하고 냉정해서 그런지, 격려보다는 비판과 반성을 할 때가 많아 위로와 격려의 말도 많이 쓰려고 합니다.

누구나 하루를 시작할 때 불안한 마음이 있습니다. 저같이 사업하는 건축가들은 더더욱 그렇습니다. 개인 사업가나 창업가들도 마찬가지 심정일 것입니다. 아침일기는 이런 불안하고 흩어진 생각과 마음을 붙잡아주고 정리하는 힘을 제공합니다. 짧게라도 아침일기를 써본다면 달라진 하루를 느낄 수 있습니다.

감사일기는 일상에서 감사할 만한 것 세 가지 정도를 적어보는 것입니다. 많은 책에서 '감사'의 중요성을 강조합니다. 불평불만만 늘어놓는 사람이 행복한 경우를 보기 어려운 것처럼 성공하거나 잘 되는 경우도 찾기가 쉽지 않습니다. 아마도 현재 상황에 감사하는 사람일수록 작은 것에 행복을 느끼고, 어려운 상황에서도 희망을 보고 더 큰 목표를 향해 움직일 수 있기 때문이 아닌가 싶습니다. 아무리 머리가 좋고 능력이 뛰어나도 현재 상황을 부정적으로만 보고 움직이지 않는다면 아무 일도 일어나지 않을 것입니다.

마음만 긍정적으로 먹는다면 감사할 일은 정말 많습니다. 저만 해도 우선 두 팔과 두 다리가 잘 움직이는 건강한 몸을 가지고 있습니다. 건강하지 못해서 불행한 사람들이 세상에는 정말 많습니다. 그리고 아이, 아내와 함께 화목한 가정을 꾸리고 있고 부모님과 처가 식구들도 모두 건강합니다. 아이도 건강하게 잘 크고 있습니다. 이처럼 감사하고자 마음먹으면 좋은 날씨, 지나가는 아이들의 미소, 금방 오는 지하철이나 버스에서도 감사함을 느낄 수 있습니다. 저는 이렇게 사소한 것들에도 감사의 마음을 담아 적어보려고 합니다.

최근에 인스타그램을 적극적으로 하면서 '건축일기'라는 것을 써보고 있습니다. 우리 주변에서 자주 보는 주택, 빌라, 우리 동네의 빌딩 등을 건축가의 시선으로 바라본다면 일상의 풍경이 조금 다르게 보이지 않을까 싶어 사진을 찍고 몇 줄 생각을 적어보고 있습니다. 옛날 벽돌 건축물의 고풍스러운 모습이나 강남 도심지의 화려한 빌딩, 다 허물어져 가는 대치동 은마아파트가 왜 그렇게 비싼지 등등. 이런 짧은 글들이 대중에게 건축의 의미도 전달할 수도 있고 제 글솜씨를 다듬을 좋은 기회가 된다고 생각합니다. 더불어 사진 찍는 솜씨도 조금씩 나아지고 있습니다.

여러 가지 측면에서 건축과 인생은 참 비슷한 점이 많다고 생각합니다. 매일매일이 쌓여 한 사람의 인생이 되듯 건축 역시 매일이라는 시간이 쌓여야 집이 지어지고 건물이 완성됩니다. 종이에 계획하는 설계나 실제로 건물을 만들어가는 시공도 마찬가지입니다. 벽돌 한 장 한 장을 쌓아야 하고, 도면 역시 한 장 한 장을 놓치지 않고 그려야 합니다. 어느 한 과정을 생략하고는 건물을 만들 수 없습니다. 그래서 어떤 분야보다도 정직한 일이라고 생각합니다.

인생도 마찬가지인 것 같습니다. 별 의미 없이 하루하루 지나가는 것 같지만, 하루가 모여 한 달을 만들고 다시 1년을 만들고 결국에는 인생을 만듭니다. 요행이나 행운을 바라는 것은 마치 건축에서 1층을 생략하고 2층을 쌓겠다는 것과 비슷합니다. 그런 일은 결코 일어나지 않습니다. 설사 억지로 그렇게 만든다 하더라도 사상누각에 불과합니다. 그러면 작은 위기에도 집은 와르르 무너지게 됩니다. 한 장 한 장 정성스럽게 벽돌을 쌓으며 집을 만들 듯 하루하루 충실하게 보내며 인생을 완성해가는 삶, 제가 꿈꾸는 이상적인 건축가의 삶입니다. 여러분 인생도 훌륭한 건축을 하듯 잘 쌓아가셨으면 합니다.

못다 한

건축 이야기

건물이 지어지는
과정

지금까지의 글을 통해 건축가로서 저의 일하는 습관에 대해 말씀드렸습니다. 제 이야기를 하면서도 건축과 집짓기에 대한 독자 여러분의 관심과 이해도를 높이기 위해 최대한 자세히 다루려고 했습니다만, 건축을 잘 모르시는 분들이 보기에는 내용이 흩어져 있고 구체적이지 않아 전반적인 상황에 대해 궁금해할 수 있겠다는 생각이 들었습니다. 그래서 '못다 한 건축 이야기' 챕터에서는 건축물이 지어지는 과정과 설계사무소가 하는 업무에 대해 좀 더 구체적으로 소개해 드리고자 합니다.

이 글을 읽어보면 '건물이 이런 과정을 통해서 지어지는구나'를 이해하는 데 도움이 될 것입니다. 지금 소개하고자 하는 과정은 단독주택이나 다가구, 근린생활시설 등 일반적인 소규모 설계사무소에서 수행하는 프로젝트를 기준으로 한 것입니다. 건물의 크기가 커지면 커질수록 그 과정은 좀 더 복잡해진다고 생각하면 됩니다.

1 일단 집을 짓고자 한다면 땅을 구매해야 합니다. 물론 기존에 땅을 소유하고 있다면 그 땅에서 진행하면 됩니다. 설계사무소에 오기 전 토지 구매를 마친 분도 있고, 그렇지 않은 분도 있습니다. 만약 땅을 구입하기 전이라면 설계사무소에서 대상 후보지의 적정성 여부를 사전에 검토해 달라고 부탁(컨설팅)할 수도 있습니다.

2 보통은 건축주가 토지 구매를 마친 다음 인터넷 검색이나 지인을 통해 설계사무소를 물색하고 설계 상담을 의뢰합니다. 상담을 의뢰받은 설계사무소는 인터

넷상의 '토지이용계획확인원'과 네이버, 다음 등의 포털에서 제공하는 지도 데이터 등을 활용해 대략적인 검토를 한 후 상담을 진행합니다. 토지이용계획확인원은 필지의 지역, 용도지구(用途地區), 지목(地目), 면적, 접도(接道) 여부 등을 확인할 수 있는 아주 중요한 자료로 건축설계뿐만 아니라 부동산 거래 등에서도 기본이 되는 자료입니다. 건물을 짓고자 하는 필지는 반드시 지목이 '대'(垈, 주택이나 업무용 등 일반 건축물을 건축할 수 있는 토지)여야 하고, 일정 길이 이상으로 도로와 접해야 건축이 가능합니다(폭 4미터 이상, 도로에 2미터 이상 접해야 함). 이 점을 사전에 반드시 확인해야 합니다. 그 밖에 지역, 지구에 따라 지을 수 있는 건축물의 용도가 제한되는 경우도 있으니 땅을 구매하기 전에는 반드시 확인해 보아야 합니다. 건축주분들이 주로 보는 일반, 전용 주거지역에서는 단독주택이나 다가구, 다세대 주택이 거의 다 허용됩니다.

대지에 대해 상담하고 설계를 의뢰하는 단계에서 가장 먼저 확인하는 것은 대략적인 면적과 층수, 주차장

위치와 대수, 건물위치, 지하층 가능 여부 등입니다. 자세한 계획은 측량을 마친 후 본격적으로 시작할 수 있습니다. 이같은 검토 과정을 흔히 '규모 검토'라고 부르는데 정식 명칭은 '기획 설계'로 설계사무소에 의뢰할 경우 비용을 지급해야 합니다. 그런 다음 설계비를 견적서 형식으로 건축주에게 제안하며 건축주가 이를 수용하면 설계 계약을 체결하게 됩니다.

3 계약이 되면 본격적인 설계를 위해 대지 측량을 진행합니다. 토지이용계획확인원만으로는 정밀도, 정확도가 많이 부족합니다. 따라서 별도의 사설 업체에 의뢰하여 정밀하게 측량을 진행하고, 이분들에게 CAD 데이터를 비롯한 각종 자료를 수령합니다.

측량은 크게 두 가지로 나뉘는데, 현황측량은 대지주변 건물이나 높낮이, 전신주나 맨홀 등의 위치까지 자세히 기록하는 것입니다. 또 하나는 한국국토정보공사LX에서 나와서 필지 둘레 꼭지점들의 위치를 확인하는 경계복원측량이 있습니다. 서울의 도심지 필지

상황은 매우 복잡하므로 이 작업 없이 진행했다가는 분쟁의 소지가 되며, 최악의 경우 불법건축물을 만들 수도 있습니다. 정확한 대지의 현황을 파악하기 위해서는 두 가지 모두가 필요하며 둘 다 어느 정도의 비용이 들어갑니다. 경계복원측량은 사용승인 시에 건물이 필지 안에 잘 들어갔는지 확인하기 위해 다시 한 번 더 실시하는 경우도 있습니다.

여기에 땅의 무르고 단단한 정도를 확인하기 위한 지질조사가 필요할 수도 있습니다. 지질조사 결과 땅의 성질이 좋지 않다고 판단되면 파일 시공 등의 보강 조치가 필요합니다. 잘못하면 지반 침하가 일어나 건물이 기울어질 수도 있기 때문입니다. 인허가 과정에서 관청에서 지질조사를 요구하는 경우도 있습니다.

4 측량 자료를 바탕으로 건축주의 요구조건에 맞춰 본격적인 설계에 들어갑니다. 가장 먼저 수행하는 것이 '기본설계'라고 부르는 작업입니다. 대지 조건과 건축주 상황, 요구 조건 등을 고려해 기본적인 설계안을

잡아보는 작업입니다. 보통 1~2주에 한 번씩 미팅하게 되는데 설계사무소는 도면과 3D 모델링, 모형 등을 준비해서 건축주의 이해를 돕습니다. 통상적으로 기계, 전기 등의 협력설계사무소에 넘길 수 있는 도면, 인허가를 접수할 수 있는 수준의 도면이 완성되는 정도까지입니다. 기본설계에서 건축주의 요구 사항이 반영된 건물의 전체적인 레이아웃과 구성, 형태, 재료 등이 정해집니다. 따라서 건물의 큰 방향은 기본설계에서 결정된다고 보면 됩니다. 기본설계는 상황에 따라 다르지만 최소 2~3개월이 소요됩니다.

5 기본설계가 확정되면 관련 도서(도면)를 협력설계사무소에 전달하고 인허가를 준비합니다. 협력설계사무소는 구조, 기계, 전기통신, 토목, 정화조 등을 담당해서 설계해주는 업체입니다. 건물 설계의 전 분야를 건축설계사무소 한 군데에서 진행하기는 어렵고, 인허가 과정에서 각 분야의 면허가 필요하므로 협력사 분들의 도움은 필수적입니다. 구조는 건물이 무너지

지 않고 튼튼하게 서 있을 수 있도록 철근의 숫자나 기둥 그리고 보의 치수 등을 설계하고, 기계는 화장실이나 싱크대 등의 배관과 환기설비, 전기통신은 각종 조명이나 콘센트와 인터넷 등의 전기통신설비를 설계합니다. 토목은 경사지나 지하에 공사할 경우 토사가 무너지지 않도록 하는 흙막이와 비가 올 때 우수가 잘 빠지도록 하는 설비 등을 계획합니다. 정화조는 생활 오수가 여과되는 장치로 일부 신도시를 제외하고 필수적으로 설치하게 되어 있습니다.

건축분야와 협력사의 도면이 완성되면 기타 서류들을 꾸려 인허가를 접수합니다. 인허가는 시청이나 구청 공무원분들에게 계획된 건물이 법에 위반되는 부분 없이 잘 계획되었는지 확인받는 과정이라고 보시면 됩니다. 세움터(cloud.eais.go.kr)라는 인터넷 사이트를 통해 접수하며 건축과 공무원분들은 제출된 자료를 도로과, 도시과, 장애인과 등 각 부서와 함께 체크합니다. 이 과정에서 수정이나 보완이 필요하면 설계사무소에 관련 자료를 요청하게 되고, 최종적으로 적합하다고 판단되면 허가를 내줍니다. 최소 2~3주가 소요되며 일부 관청은 매우 까다로워 1~2달이 걸리는 일도 있습니다.

6   일부 지역은 경관지구, 미관지구 등 특수지역으로 심의를 받아야 하는 경우도 있습니다. 심의라는 것은 법적인 것뿐만 아니라 건물의 외관이나 안전에 관련한 것들을 검증하겠다는 의도로 한 달에 한두 번 정도 지정된 전문가를 모시고 계획안에 대한 의견을 듣고 설계에 반영하도록 하는 것입니다. 심의는 건축물의 외관을 보는 경관·미관심의, 특수구조물을 시공할 경우 실시하는 구조심의, 지하를 일정 깊이 이상 파야 할 경우 실시하는 굴토심의 등 여러 가지가 있습니다. 작은 설계사무실에서 진행하는 건물은 규모가 크지 않기 때문에 이런 심의를 하는 경우가 많지는 않습니다. 심의는 자주 열리는 것이 아니므로 추가적으로 1~2달 정도 시간이 더 소요된다고 보면 됩니다.

7 인허가를 접수하면 설계사무실은 보통 실시설계를 진행하면서 관청의 인허가 보완사항에 대응하게 됩니다. 실시설계는 건물의 디테일한 사항들, 즉 재료나 세부적인 설비 스펙 등을 결정하는 작업입니다. 인허가도서 이외에 공사에 필요한 상세도서들을 실시설계 단계에서 작성합니다. 실내 바닥, 벽, 천장의 마감재, 창호, 외장, 지붕 재료 등을 무엇으로 할지, 이것들이 맞닿는 부분의 디테일 처리는 어떻게 할지, 분야별 도서들이 서로 맞지 않는 부분들을 어떻게 조율할지가 실시설계 단계에서 결정됩니다. 이때 건축주분들이 건물에 적용될 제품 사양에 대한 의견을 전달해주면 설계에 반영하기도 합니다. 여기서 작성되는 각종 상세도가 충실해야 건물의 퀄리티가 올라가고 놓치는 부분이 없어져서 현장에서 임의로 시공하는 경우가 적어집니다. 실시설계 역시 규모에 따라 다르지만 2달 정도가 소요됩니다.

8 인허가를 얻으면 준비한 실시설계도서를 기반으로

시공사를 선정합니다. 설계사무소가 추천하거나 건축주분들이 물색한 시공사 등 3~4군데 업체에 설계도서를 발송하고 견적서를 받아서 검토한 후 적정가를 제시하고 실적이 우수한 업체를 선정합니다. 시공사들은 보통 견적작업에 2~3주를 요구합니다. 좀 더 충실하고 꼼꼼한 견적서를 낸 시공사가 믿을 만하다고 볼 수 있습니다. 최근에는 코로나 사태, 우크라이나 전쟁 등의 영향으로 레미콘, 철근 등의 건설자재 가격이 굉장히 많이 올랐습니다. 거기다 최저임금상승 등으로 노무비 등도 오르고 종합건설업 면허가 있는 시공사만 가능한 공사가 늘어서 전체 시공비가 예전과 비교해서 대폭 올라간 상태입니다. 평을 기준으로 최소 800만 원 이상을 순수 시공비로 생각해야 차후 시공과정에서 무리가 없습니다.

시공사에서 산출하는 견적이 객관성이 떨어지고 업체별로 편차가 크기 때문에 별도의 적산업체에 의뢰하여 공사 내역서를 받는 때도 있습니다. 이럴 경우 견적작업이 좀 더 객관성을 가지게 됩니다. 이 또한 별도의 용역비가 필요합니다.

9   시공사를 선정하여 시공계약을 하고 공사에 들어간다는 '착공신고'를 한 후 공사가 시작됩니다. 이때 시공사와 함께 감리자를 선정해서 신고해야 합니다. 감리라는 것은 도면에 맞춰 제대로 시공되고 있는지 관리 감독하는 용역입니다. 당연히 도면을 그려온 설계사무소에서 감리하는 것이 합리적이지만 최근 법 개정으로 공동주택 등 일부 건물에서는 (역량 있는 건축사 등의 예외 규정이 있지만) 설계자가 감리를 못 하게 하고 있습니다. 이에 따라 관청에서 지정해주는 법적 감리와 함께 설계 의도 구현이라고 하여 설계자를 별도감리로 쓰는 경우가 많아지고 있습니다. 공사기간은 때에 따라 다르지만 콘크리트 구조 기준으로 2층 정도의 주택이라면 6~7개월, 4~5층 정도의 다가구, 다세대 주택이라면 8~9개월 정도를 보아야 합니다. 여름에는 장마, 겨울에는 추위 등으로 실제 공사 일수가 줄어드는 경우가 많아 여유 기간을 충분히 가지고 진

행하는 게 좋습니다. 특히 겨울 공사는 각종 하자 때문에 피하는 것이 좋습니다.

10 시공이 완료되면 건물을 사용해도 좋다는 '사용승인'을 받아야 합니다. 몇 가지 도면과 서류를 제출해야 하고, 관청에서 지정하는 특별검사원 건축사(특검)가 현장을 방문하여 잘못 시공된 부분은 없는지 체크합니다. 별 이상이 없거나 혹은 수정사항이 나오면 이를 반영해 다시 사용승인 신청을 합니다. 이후 건축주가 취득세 등을 납부하고 등기 처리까지 마치게 되면 실제 건물을 사용할 수 있게 됩니다.

지금까지 건축물이 설계되고 지어지는 과정을 설명해 드렸습니다. 이 분야 종사자들에게야 일반적이고 익숙한 내용이지만 건축 경험이 없는 분들에게는 낯설게 느껴지는 부분도 있을 것입니다. 집짓기는 워낙 다양하고 방대한 내용을 다뤄야 하는 일입니다. 그만큼 공부할 엄두가 나지 않는 분야이기도 합니다. 그렇다고 '설계사와 시공사가 알아서 해주

겠지'라고 생각하면 나의 의도와는 전혀 다른 집이 지어지고
맙니다. 어렵겠지만 집짓기 과정에 대해 최소한의 지식은 갖
고 시작하는 것이 좋습니다. 앞서 말씀드렸던 집짓기 관련
책을 다섯 권 이상 읽어 보는 걸 권해 드립니다. 그 정도 독서
를 마치고 나면 대략적인 감이 생깁니다. 그리고 능력 있고
친절한 건축가와 함께한다면 이 과정을 좀 더 쉽고 원활하게
진행할 수 있습니다.

건축주가 묻고
건축가가 답하다

건축주분들이 자주 물어보는 질문과 제가 생각하는 답변을 정리했습니다. 집짓기에 대한 궁금증을 해소하는 데 도움이 되길 바랍니다.

*이 내용은 글쓴이의 개인적 의견으로 건축설계시공 등 건축업계 전체를 대변하는 글이 아님을 미리 밝힙니다.

Q. 건축가들은 설계비를 얼마나 받나요?

A. 설계비는 건축가들이 특히 민감해하는 사항입니다. 인

터넷을 뒤져 봐도 설계비에 관한 내용은 잘 나오지 않습니다. 아마도 건축가들의 자존심이 걸린 문제이기 때문에 공개된 정보가 없는 게 아닐까 싶습니다. 저도 대형 설계사무소에 다닐 때까지만 해도 건축가들의 설계비가 얼마나 되는지 잘 몰랐습니다.

보통 설계비는 전체 사업비(시공)의 5~10% 정도를 본다고 생각하면 됩니다. 5억 공사라면 2천5백만 원에서 5천만 원 정도가 되겠네요. 설계와 시공을 일괄적으로 하는 몇몇 업체는 '설계비 무료'라는 다소 자극적인 문구를 광고에 적기도 합니다. 하지만 설계사무소 입장에서는 프로젝트를 진행할 수 있는 최소한의 비용입니다. 여기에는 인건비, 협력업체 외주비, 임대료, 사무실 운영비, 이윤 등이 모두 포함됩니다. 아무리 작은 주택이라도 설계기간은 최소 3~4개월이 걸리기 때문에 저 정도의 금액은 필요합니다. 공사비처럼 면적 비율로 용역비를 따지기보다는 프로젝트 수준별로 끊어서 설계비를 산정하는 것이 일반적입니다.

단독주택을 기준으로 비교적 경력이 짧은 젊은 건축가들의 설계비는 보통 3~4천만 원 정도입니다. 다가구, 다세대 주택은 4~5천만 원 정도입니다. 물론 이름있는 유명 건축가나 대학 교수님들 같은 경우에는 억 단위를 넘어 몇억 원이 되는 경우도 있습니다. 이처럼 설계비는 스펙트럼이 넓어 다양한 건축가를 직접 만나보고 많은 얘기를 들어보는 게 좋습니다.

설계비를 몇 백만원만 받는다는 구청이나 시청 앞의 설계사무소를 보통 '허가방'이라고 부릅니다. 딱 허가만 받을 수 있을 정도의 도면만 그린다는 뜻입니다. 물론 이렇게도 공사는 가능합니다만 사실상 설계 협의과정은 없다고 봐야 합니다. 그리고 공사에 필요한 정보가 부족하기 때문에 시공사의 임의 시공이 많고, 시공하시는 분들이 평소에 자기가 하던 방식으로 공사가 진행되기 때문에 건축주의 취향이나 의도를 반영하기는 거의 불가능합니다.

당연히 설계비는 적을수록 건축물의 퀄리티는 떨어질 수밖에 없습니다. 평생 살고자 하는 내 집을 설계하는 일이라면 무조건 싼 것만 고집하지 말았으면 합니다.

Q. 좋은 건축가, 설계사무소는 어떻게 골라야 하나요?

A. 우선 좋은 설계사무소가 어떤 것인지부터 정의해야 할 것 같습니다. 아마 비교적 저렴한 설계비에 성의 있고 꼼꼼한 설계를 해주고 건축주의 의견을 잘 반영해주는 설계사무소가 '좋은 설계사무소, 좋은 건축가'일 듯싶습니다.

건축가를 고르는 팁을 하나 드리자면 우선 '브리크 매거진'(magazine.brique.co) 또는 '에이플래폼'(a-platform.co.kr)이라는 건축 포털에 들어가 그곳에서 마음에 드는 건물을 고른 다음, 어느 건축사무소가 했는지 살펴보는 것입니다. 《전원속의 내집》(uuji.co.kr)잡지를 찾아보는 것도 좋습니다. 이런 매체에서는 매우 많은 건축물, 건축사 사무소를 소개하고 있기 때문에 마음에 드는 건물, 사무소를 쉽게 찾을 수 있습니다.

마음에 드는 사무소를 골랐다면 직접 연락을 해봅니다. 대지 위치와 원하는 건물 용도, 규모 등을 알려주면 우선 전화상으로 간략한 설명을 들을 수 있고 미팅날짜를 조율해서 건축가와 미팅도 가능합니다. 이런 상담에도 돈을 받는 경우가 있지만 대부분의 건축가는 이 정도 일은 영업의 일환이라고 생각하고 무료로 해줍니다.

이렇게 여러 건축가를 만나보면서 나랑 성향이 잘 맞는

지, 내 건물에 의욕이 있는지 없는지를 확인할 수 있습니다. 그런 다음 최종적으로는 설계비 견적서를 받아보고 결정하면 됩니다. 아무래도 이름이 알려진 사무실보다는 이제 커리어를 쌓기 시작하는 건축가들이 좀 더 의욕적이고 설계비도 저렴합니다. 대신 디자인, 실무 능력이 다소 미숙한 것은 리스크라고 볼 수 있습니다. 이런 판단은 건축가를 직접 만나보고 결정하는 수밖에 없습니다.

Q. 설계사무소와 설계시공 일괄업체와의 차이점은 무엇인가요?

A. 건축 박람회를 가시면 '더존 하우징' '한글 주택'과 같이 설계와 시공을 일괄적으로 처리하는 주택업체들을 볼 수 있습니다. 이분들 역시 주택을 설계하고 시공하시는 분들이긴 하지만 일반적인 건축가의 접근 방식과는 조금 다릅니다. 일단 건축주의 의견을 듣고 제로베이스에서부터 설계안을 만드는 것이 아니라 업체가 갖고 있는 여러 설계안 중에서 하나를 고르는 방식으로 건물을 짓습니다. 설계를 바꾼다 하더라도 약간만 수정해서 사용하는 것으로 알고 있습니다. 그리

고 정해진 재료, 디테일을 거의 그대로 사용합니다. 쉽게 말해 가전제품처럼 카탈로그에서 고르는 방식이라 할 수 있습니다. 이런 방식은 건축주의 의견, 상황을 세심하게 반영하기 어렵고 남들과 거의 비슷한 집을 짓게 됩니다. 다만 기존 안을 거의 그대로 사용하다 보니 설계비를 절약할 수 있다는 장점이 있습니다.

만약 네모 반듯하고 널찍한 대지라면 기존 안을 그대로 적용하는 것이 크게 어렵지 않겠지만, 도심지의 협소한 땅이라면 이런 식의 설계 채택은 거의 불가능하다고 봐야 합니다. 비유하자면, 설계사무소를 통한 집은 맞춤복이고 설계시공 일괄업체를 통한 집은 기성복에 해당합니다. 다소 비용이 들더라도 나의 상황에 맞춘, 디자인이 뛰어난 집을 짓고 싶은 분은 설계사무소 건축가를 찾는 게 좋고, 비용이 저렴하면서도 검증된 집을 짓고 싶으신 분들은 일괄업체를 찾는 게 좋습니다.

Q. 설계할 때 주의해야 할 점과 반드시 고려해야 할 포인트는 무엇이 있을까요?

A. 건축가와 함께하는 설계에서 가장 중요한 것은 충분한 의사소통입니다. 설계 초반, 집에 대한 생각과 요구조건, 자신의 생각한 집의 모습 등을 최대한 많이 전달하는 것이 중요합니다. 다소 말이 안 되는 듯한 무리한 요구라도 부끄러워 마시고 건축가에게 모든 것을 이야기하는 것이 중요합니다. 이런 이야기들을 모두 듣고 가능한 방향을 제시해주는 건축가가 좋은 건축가입니다.

협의를 되도록 자주, 많이 할수록 좋은 건축이 탄생한다고 보면 됩니다. 그래서 설계 시간을 오래 가질수록 좋습니다. 여유 있게 최소한 3~4달 정도는 걸린다고 보면 좋습니다. 그리고 주변의 이야기, 인터넷에서 전해 들은 이야기보다는 내가 선택한 건축가의 말을 믿고 따라주는 게 좋습니다. 건축가도 사람이기 때문에 자신을 믿고 맡겨주는 건축주에게 정성과 에너지를 더 쏟게 마련입니다.

설계하다 보면 건축주의 욕심이 자꾸 덧붙여지면서 공사비가 눈덩이처럼 불어나는 경우가 있습니다. 능력 있는 건축가라면 미팅 과정에서 이런 요구조건들을 현명하게 조율해줄 줄 압니다. 그런데 그게 아니라 '일단 좋게 해주세요' 식으로 미팅을 계속하다 보면 시공비 견적을 받고 너무 비싸서 당황하는 경우가 발생합니다. 그때 가서야 이런저런 자재의 스펙을 깎거나 최악의 경우 규모를 줄이기도 합니다. 전체적으로 힘줄 곳은 주고, **뺄 곳은 빼는** 식의 완급조절이 필요합니다. 창호, 단열재 등은 건물의 성능을 좌우하는 자재들이니 상급 제품을 쓰고, 타일이나 바닥재 등 내부 자재는 나중에 교체 가능성도 있으니 비교적 저렴한 제품을 쓰는 식으로 선정하는 게 좋습니다.

Q. 평당 공사비는 믿을 만 한가요? 전체 예산 계획은 어떻게 세워야 하나요?

A. 평당 공사비(공사에 필요한 인건비와 재료비의 합)는 오랫동안 공사비 산정의 기준이 되었습니다. 박스 형태로 반듯하게 올라가는 건물이 아닌 이상 평당 공사비는 공사비를 오롯이 반영하기 힘들다는 한계가 있습니다. 그럼에도 불구하고 이것을 대체할 기준이 마땅히 없어 제가 볼 때도 당분간 평당 공사비 기준으로 공사비를 이야기할 것 같습니다.

공사비가 정말 많이 올랐습니다. 지금(2022년) 시점에서 말

쓸드리면 평당 공사비로 최소 800만 원 이상을 써야 '괜찮은' 건물을 지을 수 있습니다. 1000만 원 이상 쓴다면 준수한 집을 지으실 수 있는 수준입니다. 700만 원대라도 시공사를 잘 만난다면 그럭저럭 쓸만한 건물은 지을 수 있습니다. 그런데 600만 원 이하라고 한다면 퀄리티에 조금 문제가 있다고 봐야 합니다. 만약 500만 원대 이하를 부르는 시공사가 있다면 뭔가 문제가 있는 것은 아닌지 한 번쯤 의심해볼 필요도 있습니다. 시공비는 앞으로도 계속 오를 것 같습니다.

시공사는 평당 공사비를 공사용 면적으로 따집니다. 설계 사무소에서 산정하는 '법정 면적'은 필로티, 다락 등을 면적에 포함시키지 않습니다. 하지만 이런 부분이라고 공사를 하지 않는 것은 아니므로 시공사는 전부 공사용 면적에 넣습니다. 따라서 같은 평당공사비를 적용하더라도 공사용 면적을 적용하면 공사비가 훨씬 많이 책정됩니다. 그리고 같은 건물이라도 지하층이 있으면 공사비가 많이 올라갑니다. 지하 공사에는 주변 땅이 무너지지 않도록 흙막이 공사를 해야 하는데, 이 비용이 많이 듭니다. 따라서 공사비를 줄이고자 한다면 되도록 지하를 만들지 않는 게 좋습니다. 최근에는 6층 이상 건물을 지을 때 스프링클러 설비를 의무로 하고 있습니다. 이 설비 역시 물탱크 등으로 많은 비용을 필요로 합니다.

공사를 시작하게 되면 측량비, 기존 건물 철거비, 전기 및 수도, 도시가스 인입비(우리 건물로 끌고 오는 비용), 하수도 원인자부담금(하수처리가 필요한 오수를 내보낸다는 명목으로 내는 세금), 취득세 및 각종 세금 등 정말 돈이 끝도 없이 들어간다는 생각이 듭니다. 생각지도 않은 비용을 내야 할 때 당황스러울 수 있기 때문에 건축가와 충분히 상담하고 내야 할 돈이 무엇인지 미리 챙겨 보는 것이 좋습니다. 그리고 공사비의 5% 정도는 예비비로 산정해 여윳돈을 갖고 있어야 돌발 상황에 대처할 수가 있습니다. 공사를 시작하게 되면 '건물의 모든 것은 돈'이라는 것을 절감하게 됩니다. 예산 계획을 철저히 세우고 시작하는 게 굉장히 중요합니다.

Q. 시공사 선정은 어떻게 하는 게 좋나요?

A. 실시설계도서가 완성되면 시공사 입찰에 들어갑니다. 각 시공사에 도서를 보내고 견적서를 받아보는데요. 이때 적산업체에서 작업한 내역서를 함께 발송하면 비교적 객관적

인 견적서를 받아볼 수 있습니다.

우선 인터넷으로 좋은 건물 실적을 많이 보유한 업체를 찾아보는 게 좋습니다. 앞서 소개해드린 건축 관련 사이트들에 올라온 건물들의 정보를 봐도 좋고, 새건축사협의회에서 선정하는 '건축 명장'을 수상한 시공사를 찾아보는 방법도 있습니다. 마치 '젊은 건축가 상'처럼 시공 퀄리티가 높은 시공사를 선정하는 제도입니다. 높은 퀄리티를 보장하지만 시공비가 높다는 단점이 있습니다.

시공사 견적서를 받아보면 대략 그 시공사의 수준을 알 수 있습니다. 공사에 필요한 여러 항목을 빠짐없이 꼼꼼하게 잘 체크한 시공사가 성의 있고 좋은 시공사라 할 수 있습니다. 다만 이렇게 꼼꼼하게 체크한 견적서일수록 시공비가 높을 가능성이 큽니다. 최소 3군데 이상 견적을 받아보고 괜찮다 싶은 업체, 의욕을 가진 업체를 직접 만나보고 결정하는 것이 좋습니다. 이 과정에서 건축가의 의견을 들어 보고, 제시한 시공비가 합리적인지 현장소장은 괜찮은 사람인지 등을 보고 종합적으로 판단하면 됩니다.

시공비가 싸다고 해서 시공사와 무턱대고 계약해서 낭패

를 보는 때도 있습니다. 여러 업체와 비교했을 때 한 업체의 견적가가 지나치게 낮을 경우 의심을 해봐야 합니다. 같은 자재를 가지고 같은 규모의 건물을 짓는데 가격이 낮다는 것은 시공사가 그만큼 이익을 포기한다는 뜻입니다. 이럴 때 시공사는 돈이 상당히 급한 경우이거나 개업 초기여서 공격적으로 수주를 하려는 경우라 할 수 있습니다. 하지만 어떤 경우에는 인건비를 절약하기 위해 한 명의 현장소장을 여러 곳으로 돌리거나, 여러 현장의 돈을 돌려막기 하는 식으로 운용하는 등 무리수를 쓰는 일도 있습니다. 이러면 현장 관리가 제대로 되지 않아 시공 퀄리티가 잘 나오지 않습니다. 계약금액 외의 추가공사비를 요구한다든지, 최악의 경우 시공사가 도산하는 일도 있기 때문에 조심하는 게 좋습니다.

Q. 건물 구조는 목조로 하는 것이 좋나요, 콘크리트로 하는 것이 좋나요?

A. 소규모 건축물의 구조 방식은 크게 두 가지가 있습니다. 목구조와 콘크리트구조입니다. 목구조는 다시 경량목구조와 중목구조로 나뉩니다. 경량목구조는 스터드라고 불리

는 비교적 얇은 목재를 연속적으로 세워 벽을 만들고 그것으로 건물을 지지하는 방식입니다. 중목구조는 좀 더 두꺼운 목재로 기둥과 보를 만들어 건물을 지지하는 방식입니다. 중목구조가 좀 더 특수한 자재를 사용하기 때문에 비싸지만, 더 넓은 공간을 확보할 수 있다는 장점이 있습니다.

원래 목구조의 장점은 비교적 싼 가격과 빠른 공사 기간이었습니다. 2층 규모의 집은 2~3달 만에 완공이 가능하다는 말까지 나왔으니까요. 그런데 최근 목구조 자재가의 상승으로 콘크리트와 비교해 더 싸다고도 할 수 없을 정도로 가격이 올랐습니다. 콘크리트 가격도 많이 올랐지만, 목구조 자재의 인상 폭이 훨씬 더 큽니다. 그렇다 하더라도 전반적으로는 목구조가 콘크리트보다는 싸다고 할 수 있습니다.

정리하면 비용을 좀 더 들여서, 도심지에 3층 이상의 고층으로 시간을 두고 디자인 요소를 많이 가미해서 짓고자 한다면 콘크리트를 추천해 드리고, 비교적 저렴하게 교외에 1~2층의 저층으로 빠른 시간안에 단순하게 짓고자 한다면 목구조를 추천해 드립니다. 상황에 맞는 적절한 구조를 적용하길 바랍니다.

Q. 시공사와의 분쟁은 어떻게 발생하고, 어떻게 대처해야 하나요?

A. 시공사와의 분쟁은 최대한 피하는 것이 좋습니다. 공사가 지연되어 완성되지 않는 건물을 보면 건축주의 마음은 타들어 갑니다. 그런 상태에서도 은행 이자 등 부대비용은 계속 들어갑니다. 피하고 싶지만 크고 작은 분쟁은 발생하기 마련입니다. 어떻게 하면 분쟁을 피할 수 있을지 살펴보겠습니다.

우선 건실한 시공사와 계약해야 합니다. 어떻게 보면 이것이 가장 중요합니다. 실적과 재정 상태, 현장소장의 역량 등을 종합적으로 판단해 좋은 시공사를 가려내는 것이 가장 중요 합니다. 부실한 시공사와 계약하면 아무리 계약서를 꼼꼼히 쓰고 보증 보험 등을 걸어 놔도 분쟁을 피하기가 어렵습니다. 어떤 시공사는 고의로 분쟁을 일으켜 추가 공사비를 더 받아내려고 하는 곳도 있습니다. 따라서 공사비가 다소 비싸더라도 좋은 시공사를 쓰는 것이 여러모로 편하고 안전합니다. 추후에 들어가는 여러 추가비용을 고려할 때 결국 좋은 시공사를 쓰는 것이 결과적으로 비용이 적게 들어가는 것이라 할 수 있습니다.

계약서를 잘 쓰는 것도 중요합니다. 공사용 도서와 견적서를 첨부해서 그대로 시공할 것을 확인하고 공사비 지급 조건, 지체상금률(공사가 지체되었을 때 시공사가 지급해야 할 금액 비율) 등을 정확히 정해야 합니다. 현장소장은 당해 현장에 상주해야 하며 지급된 공사비는 당해 현장에만 사용해야 한다는 등의 특약 조건을 명시하는 것이 좋습니다.

분쟁은 결국 돈에서 시작해서 돈으로 끝나는 경우가 많습니다. 흔히 나오는 케이스가 이런 것입니다. 건축주는 현장을 둘러보고 주변에서 접하는 정보를 바탕으로 시공사에 이런저런 요구를 합니다. 전체 공사비가 워낙 많아 건축주는 내심 '이 정도는 서비스로 해주겠지'라고 생각합니다. 하지만 시공사는 생각이 전혀 다릅니다. 계약할 때 제시된 내역 이외의 항목은 전부 추가공사비라고 생각합니다. 이런 것들이 쌓이고 쌓이면 나중에 꽤 큰돈이 됩니다. 사용승인 즈음해서 시공사가 추가 공사비 청구서를 내밀면 건축주는 높은 금액에 깜짝 놀라게 됩니다. '이런 것까지 전부 돈을 받나' 싶은 섭섭한 생각이 들기도 합니다. 반대로 시공사는 '왜 같은 돈을 내고 더 해달라고 하나' 생각을 합니다. 이런 와중에 완공은 늦어지고 실내에서 비가 새는 등 자잘한 하자까지 생기면 건축주와 시공사와의 사이는 더욱 멀어집니다. 그러다 감정의 골이 깊어지고 결국 법정 다툼까지 가게 됩니다.

이런 일을 방지하기 위해서는 추가공사비가 드는 사항을 그때그때 정리할 필요가 있습니다. '이 정도는 서비스'라는 식으로 어물쩍 넘어가서는 안 되고, 어디까지가 서비스이고 어디부터는 추가 공사비인지 정확히 짚고 넘어가는 것이 중요합니다.

그리고 이슈가 생기면 시공사, 감리자, 건축주 3자가 모여 회의를 하는 것이 가장 좋습니다. 추가 공사비 내역을 정확히 문서로 남기고 3자가 동의하도록 하는 것이 가장 정확합니다. 그렇지 않고 어물쩍 넘기다 이슈가 쌓이고 쌓이게 되면 나중에는 도저히 해결이 안 되는 상황까지 오게 됩니다. 기간을 정해 '몇 주에 한번 3자가 모이는 공정(진행)회의를 한다'고 정하는 것도 좋습니다. 네이버 밴드나 카페, 카톡방 등을 활용, 자주 공정 사진과 일정 등을 공유하고 현장관리를 투명하게 하도록 해야 합니다.

마지막으로 계약이행보증, 선급금보증, 하자이행보증 등 각종 보증보험에 가입하는 것을 추천해 드립니다. 계약이행보증은 시공사가 계약을 이행하지 않았을 때 보증금액을 수령할 수 있는 상품입니다. 선급금(공사를 시작하기 전에 건축주가 시공사에 주는 비용)보증은 시공사가 선급금만 받고 공사를 하지 않았을 때 정해진 보증금액을 수령할 수 있는 상품이고, 하자이행보증은 사용승인 이후 계약서에 정해진 기간 내에 하자가 발생했는데도 불구하고 시공사가 하자보수를 하지 않았을 때 정해진 보증금을 받을 수 있는 상품입니다. 건설공제조합이나 서울보증보험에서 가입할 수 있습니다.

　믿을 만한 건설사라면 괜찮겠지만 좀 더 안전한 시공을 원한다면 각종 보증보험에 가입하도록 해서 계약을 하는 게 좋습니다. 특히 하자보증보험은 반드시 가입하는 게 좋습니다.

에필로그

이렇게 저의 건축(일) 이야기와 집을 짓는 데 필요한 습관 이야기를 마치게 되었습니다. 처음 시작할 때는 '20개나 되는 꼭지를 언제 다 쓰나'라고 생각했는데, 어떻게든 계속 쓰다 보니 결국 여기까지 오게 되었습니다. 책 한 권을 쓴다는 것이 대단한 일은 아니지만 스스로에게 수고했다고 칭찬해주고 싶습니다.

저는 평소에 책을 많이 읽는 편입니다. 책을 읽으면 지식을 얻는 것도 있지만 지속적인 동기부여가 되는 것도 있습니다. 어느 날 제 친구와 아내가 농담처럼 "책 그만 읽고 직접 써보는 건 어떠냐"라고 했습니다. 책이라는 것은 뭔가를 이룬 사람들만 쓰는 것 아니냐며, 난 아직 자격이 안 된다고 대답했습니다. 대단한 기업을 세웠다든가, 많은 자산을 모았다든가, 건축가라면 최소 몇 개 정도의 상을 타서 유명해진 사람 정도가 되어야 책을 쓸 수 있다고 생각했습니다. 그런 입장이 아니라면 '내가 왜 굳이 이런 사람의 책을 읽고 교훈을 얻어야 하지?'라고 독자들이 생각할 것 같았습니다. 그러던 와중에 저의 블로그를 보고 한 편집자분께서 연락을 주셨습니다. 책을 써보자는 제안이었습니다. 약간의 망설임도 있었지만 '제 이름의 책'이라는 로망은 출판사의 제안을 덥석 받아들이도록 했습니다. 이제 와서 하는 고백이지만 얼마나 많은 분들이 제 이야기를 귀담아듣고 공감해줄지 걱정이 앞서는 게 사실입니다.

결과적으로, 아주 평범한 사람의 평범한 기록도 해놓고 나니 잘 한 것 같습니다. 이런 글을 꾸준히 쓰는 것 자체만으로도 이미 평범한 사람은 아니지 않을까 피식 웃어도 봅니다. 그리고 이러한 기록을 통해 평범한 사람이 조금씩 비범해지고 특별한 사람으로 바뀐다는 것을 보여주고 싶기도 합니다.

블로그에 꾸준히 올렸던 제 글을 보고 건축 관련 일을 하는 어떤 분이 댓글을 남겨 주셔서 직접 만난 적이 있습니다. 아무도 보지 않는 줄 알았던 제 글을 꾸준히 보고 계셨고, 많은 용기와 도움을 얻고 계신다고 말씀해 주셨습니다. 그 분을 비롯해서 건축을 하시는 많은 분들이 희망을 잃지 않고 꾸준히 건축을 이어 나갔으면 좋겠습니다. 저도 제 건축을 완성하기 위해 계속 정진할 것입니다.

이 책이 건축이나 건축가에 관한 관심은 물론이고 자기

일을 좀 더 잘하고 싶은 보통 사람들에게도 많은 영감을 주었으면 합니다. 물심양면으로 저를 지원해주는 아내와 아들, 아버지, 어머니, 형님, 장인, 장모님을 비롯한 가족에게 사랑과 감사를 전합니다.

건축가의 습관 : 예술과 실용 사이

초판 1쇄 발행 2022년 11월 7일
초판 2쇄 발행 2024년 4월 29일

지은이 김선동

발행인 김옥정
편집인 이승현
디자인 유어텍스트

펴낸곳 좋은습관연구소
주소 경기도 고양시 후곡로 60, 303-1005
출판신고 2019년 8월 21일 제 2019-000141

이메일 buildhabits@naver.com
홈페이지 buildhabits.kr

ISBN 979-11-91636-44-4

좋은습관연구소에서는 누구의 글이든 한 권의 책으로 정리할 수 있게
도움을 드리고 있습니다. 메일로 문의주세요.